漫遊山海
感受城市溫度

一書在手 暢行無憂

深港
聯遊
攻略

本書編委會◎編著

深港聯遊攻略
目錄

第三章

化身潮流超級玩家

第四章

藏身深港的文藝靈魂

第五章

跟味蕾去旅行

第六章

超好逛地圖

第九章

深港聯遊精品路線推薦

第一章

行前手册：一書在手，深港自在遊

一、深港聯遊，即刻啟程

深圳，當年南海邊的一個小漁村，如今已經發展爲高樓林立的國際化都市，在山海之間，展現出城市現代化的無限可能。

香港，新與舊的交融、中西文化的碰撞，在這裏衍生出獨一無二的城市魅力。

從深圳出發到香港，不到 1 小時的車程，深港兩地，既有共同點，又各具魅力。在繁華的都市之中藏着奇妙的山海生活體驗；在街頭巷尾間可隨時偶遇藝術驚喜；在人來人往中發現世界的色彩斑斕……

▲ 連接深港兩地的深圳灣大橋

香港與深圳，連接兩地的不僅是地理空間，更是人們對美好生活的嚮往，人們可在兩地聯遊中發現自我、發現城市、發現世界更精彩的一面。

深港聯遊必體驗：

1. 咫尺自然，繁華中的山海秘境

深圳與香港給人的第一印象多是國際化大都市，但是深入其中，你會發現在繁華鬧市中自然秘境竟在咫尺之間。在深港兩地，你可盡情上山下海，追逐野趣，感受都市中的綠野仙境。

山海秘境必體驗點
大沙河生態長廊、灣仔海濱長廊等（詳見第二章）。

深圳 ⟺ 香港
SHENZHEN　HONGKONG

城市自然風光

2. 潮流玩樂，盡情釋放熱愛的自由

　　自由，是深港兩地共同的標籤。如果你癡迷潮流玩樂，在這裏，無論大人，還是小孩，你都能找到自己熱愛的娛樂活動。從主題樂園，到擁抱山海的潮流運動，再到國際化的四季巡展……只要你想，就能實現。

潮流玩樂必體驗點　歡樂谷、迪士尼、帆船運動、山野騎行、大灣區車展、香港藝術節等（詳見第三章）。

帆船運動

3. 文藝漫遊，讓靈魂充實而完美

　　文化與藝術，最能展現城市的氣質。在深港，充滿創意的文藝靈魂就像種子，在兩地「開花結果」。從國際級的大師作品，到充滿個性的小眾藝術，都能「肆意生長」。漫遊其中，你也許會發現靈魂正變得充實而完美。

文藝漫遊必體驗點　深圳市當代藝術與城市規劃館、香港藝術館（詳見第四章）。

4. 跟着味蕾去旅行，做「環遊世界」的美食家

　　沒有一個「吃貨」，可以以「餓着」離開深港。在這兩個匯聚着全球特色美食的城市，每天三頓是不夠的，還要有早茶、Brunch、下午茶、宵夜，從早到晚，從晚到早，讓味蕾和美食來次驚艷邂逅吧！

味蕾旅行必體驗點　嘉苑飯店、Ensue、唐閣、新榮記等（詳見第五章）。

▲米芝蓮餐廳珍饈

藝術展

5. 購物天堂，打開美好生活的 N 種方式

　　能滿足購物狂「千奇百怪」需求的地方，必定不簡單。就像深港，不僅擁有好看又好玩的購物中心，更有充滿驚喜、趣味的淘貨市集。到這裏逛上一圈，你會發現生活還藏着無限的可能性。

購物旅行必體驗點　萬象天地、深業上城、海港城、K11 MUSEA 等（詳見第六章）。

購物淘貨

6. 傾城之夜，讓夜 Yeah 野不打烊

　　説到打卡城市夜景，深圳、香港一定不能錯過！繁華鬧市燈光璀璨，日落時分海天一色，更有酒有音樂。就讓深港的夜色之美，陪你一起狂歡至破曉吧！

夜景打卡必體驗點 「紅胖子」觀光巴士、維多利亞港夜景、水圍 1368 文化街區、廟街夜市等（詳見第七章）。

7. 雙城美宿，滿足住酒店的 100 種幻想

　　充滿想像力的深港兩地，連住酒店都充滿驚喜。想一試在城市天際線做夢，或住進山林碧海間嗎？留一個晚上給深港吧，你將獲得意想不到的住宿體驗。

雙城住宿必體驗點 　深圳瑞吉酒店、香港四季酒店、大澳文物酒店、九龍香格里拉大酒店等（詳見第八章）。

維多利亞港夜景

深圳瑞吉酒店雲端渡假體驗

二、實用手冊，暢行無憂

我們整理了兩地交通、出入境手續、貨幣兌換等實用訊息，讓你攻略在手，暢遊無阻。

（一）深港聯遊交通

1. 深港高鐵遊，出遊更自在

自 2023 年 7 月 1 日起，深圳鐵路實行新的列車運行圖，多列從深圳開出直達香港的列車調整了運行班次及距離。

深圳高鐵出發站點

❶ 深圳北站

介紹：可直達香港西九龍。

地址：深圳市龍華區致遠中路 28 號。

到達交通：乘坐地鐵 4 號、5 號和 6 號線均可到達。

❷ 福田站

介紹：可直達香港西九龍。

地址：深圳市福田區深南大道與益田路交匯處。

到達交通：福田高鐵站共有 3 條地鐵線路經過，附近的地鐵站購物公園站、市民中心站等。

❸ 光明城站

介紹：可直達香港西九龍。

地址：深圳市光明區鳳凰街道鳳凰社區三十八號路 8 號。

到達交通：乘坐地鐵 6 號線到達長圳站，再換乘 M451 路或 M218 路公交車到達光明城站東廣場即可。

（以上站點、班次及購票訊息，可透過「鐵路 12306」APP 了解，或致電 12306 咨詢）

▲深圳高鐵

2. 跨境巴士，說走就走

跨境巴士一直是往返深圳、香港主要的交通方式之一，現在還多了可選擇的站點，讓大家出行更方便。

跨境巴士出發站點

① 皇崗口岸

介紹：從皇崗口岸可直達香港國際機場、迪士尼、昂坪 360 等。

地址：深圳市福田區福田南路。

到達交通：可乘坐 7 號線到達皇崗口岸站。

② 萬象前海

介紹：前海往返深圳灣口岸的第一站，經深圳灣口岸過關後，乘客可換乘巴士直達港島、九龍、新界、迪士尼、機場、東九龍等多個站點。

地址：深圳市南山區桂灣四路 169 號。

到達交通：可乘坐地鐵 5 號線到桂灣站。

③ 前海嘉里中心

介紹：前海往返深圳灣口岸的第二站，附近有浪漫海岸線可打卡。

地址：深圳市南山區臨海大道與前海大道交匯處西側。

到達交通：可乘坐地鐵 5 號線或 9 號線到前灣站。

④ 前海深港青年夢工場

介紹：前海往返深圳灣口岸的第三站，深港青年圓夢地。

地址：深圳市南山區前灣一路與鯉魚門西街交叉路口往西南約 100 米。

到達交通：可乘坐地鐵 9 號線到夢海站。

3. 乘坐客船，換種方式看深港

如果你想從不同的角度，感受一下深港沿途的海景，可以選擇乘坐客船往返。

客船出發站點

①

深圳蛇口港

介紹：可前往香港國際機場、香港上環等地，也是眾多國際知名郵輪的母港，不定期會推出周邊城市的觀光航線。

地址：深圳市南山區海運路。

到達交通：可乘坐地鐵 2 號線在蛇口港站 C 口出換乘 B601 至蛇口郵輪中心站，或 12 號線太子灣站 A 出口步行 350 米到達。

（以上站點、班次及購票信息，可關注官方微信公眾號「招商蛇口郵輪母港」了解）

深圳蛇口港

深圳機場碼頭

介紹：可到達香港機場海天碼頭、香港中港城碼頭。

地址：深圳市寶安區新港務碼頭大道 1001 號。

到達交通：可乘坐深圳地鐵 11 號線至機場站，下車後移步至機場地面交通中心二層 16 號門，換乘 M590 專線巴士；或乘坐地鐵 1 號線在「后瑞站」下車換乘 M419 路公交車前往。

（以上站點、班次及購票信息，可關注官方微信公眾號「深圳機場碼頭」了解，或致電 0755-23455300、23455388 咨詢）

4. 地鐵聯通，無縫接駁過境

深港兩地地鐵聯通，不用出站就可過境。加上自 2023 年 6 月 1 日起，使用深圳通 APP、AlipayHK APP（港版支付寶）或支付寶 APP 中任意一個，均可在深港兩地掃碼乘坐公交和地鐵，往來深港更方便。

地鐵聯通出發站點

福田口岸

介紹：福田口岸連接香港地鐵東鐵線，過關不用出地鐵站，可直接坐地鐵前往香港中心區域。

地址：深圳市福田區裕亨路 23 號。

到達交通：地鐵 10 號線、4 號線均可到達。

（以上站點訊息可透過「深圳通」微信小程式了解）

（二）深港出入境相關指南

入境香港前，需要準備甚麼材料？

1. 往來港澳通行證及簽注（單次逗留不超過 7 天）；

2. 中華人民共和國出／入境健康申明卡（可提前在微信小程序「海關旅客指尖服務」進行填報）。

（辦理簽注及預約具體流程，可關注官方微信公眾號「深圳公安」了解）

（三）出行香港需準備的物品清單

1. 港幣（雖然香港很多地方可用移動支付，但還有一些店舖需要現金支付，可提前到銀行預約兌換，或到關口 ATM 機兌換）；

2. 流量卡（可開通漫遊服務，或直接購買流量包）；

3. 轉換插頭（國標轉英標出行用）；

4. 當地玩樂 APP（如 Openrice、THE GULU、Timable 等 APP，可查詢香港當地美食或展覽訊息）；

5. 八達通卡（可在過關後到八達通服務台激活）；「深港一碼通」乘車：深圳通小程序／APP、AlipayHK APP（港版支付寶）、支付寶 APP 任意一個。

深港兩地的交通正變得越來越便捷，不僅有多種方式可選擇，換乘也更方便。在不到 1 小時的時間裏，人們即可往返深圳與香港。

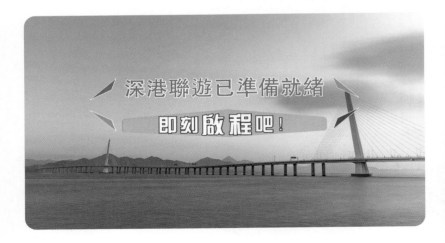

第二章

不只是「鋼鐵森林」

提起深圳和香港，或許很多人的第一印象都是繁華都市，忙碌的身影穿梭其中。但這兩座城市，在飛速發展的同時，仍保留着大自然的慷慨饋贈，讓我們在咫尺之間，能一探「鋼鐵森林」以外的綠野仙境。

深圳，地處珠江口東岸，江河穿城成網，更擁有半島、海灣、丘陵等多樣地貌，以及長達 260.5 千米的蜿蜒海岸線，形成了藍綠交融、山海融城的公園城市格局。

香港，位於珠江口以東，擁有眾多海島及綿長海岸線，加上舉世聞名的深水良港——維多利亞港，形成繁華與浪漫兼具的城市氣質。

一、漫遊山海，感受城市溫度

想一探深港兩地的綠野仙境，建議先從山海秘境開始。山海爲線，漫遊其中，生動的自然畫卷在你眼前徐徐展開，深吸一口芳草的氣息，或帶着海水鹹味的空氣，感覺身心都在被治癒。

深圳

大沙河生態長廊

在建設之初就分爲上中下游，並按「學院之道」、「城市森林」、「活力水岸」三大主題進行打造，讓這條全長約 13.7 千米的濱水碧道增添了常逛常新的意趣。

由山入海的設計，每段均有看點。你可以從上游的「學院之道」開始，在慢步城中綠地或高等學府後，沿着中游的「城市森林」，在塘朗山、大沖公園、大沙河公園等城市公園中自由呼吸，暢享生態綠意。

下游的「活力水岸」，寬闊的水面爲水上運動提供了絕佳條件，像

大沙河生態長廊（近景）

▲ 大沙河生態長廊（航拍）

賽艇、龍舟、皮划艇等等，還連通了深圳灣濱海休閒帶和人才公園。

這條粤港澳大灣區最美的景觀河、深圳市最長的濱水慢行系統，沿途設施齊備，有直飲水、電子標識等人性化裝置，更有咖啡書吧、茶社等休閒設施，如果走累了，不妨到這些書吧、茶社坐坐，享受片刻的愜意。

▲ 大沙河生態長廊（航拍）

溫馨提示

★ 開放時間：6:00−23:00（大沙河生態長廊大學城段開放時間為 7:00−22:00）。

★ 門票價格：免費。

★ 地址：深圳市大沙河兩岸。

★ 其他：遊客服務中心位於大沙河公園西門處，設置有茶館、衛生間（含母嬰室及第三衛生間）、AED 等，同時提供輕餐飲、閱讀、休憩避雨、諮詢服務等綜合服務。

（詳細訊息可關注官方微信公眾號「美麗深圳」查詢）

東西涌穿越

　　作爲《國家地理雜誌》評選
出的中國最美十大海岸線之一，東
西涌的魅力讓人一見難忘。東西涌海
岸線全長約 6 千米，沿途山海相伴，景色
壯闊。一望無際的大海，配上連綿不絕的青
山，大自然之奇妙，讓人心生嚮往。難怪這條
深圳最經典的山海穿越線會深受戶外玩家的
喜愛。

　　遊客可沿着連接東涌和西涌兩個沙灘
之間的海岸線，行走約一半的路程，但另
一半路程在山崖間，需要手腳並用，對體力
有一定的要求。東西涌穿越全程較少遮陰的
地方，如果遇到陰天，建議可以從東涌出發；
而晴天時就從西涌出發，可背陽前行，體驗更
舒適一些。

溫馨提示

★開放時間：全天。

★用時參考：4-6小時。

★路線訊息：東涌沙灘→天文台→西涌4號
　沙灘，具體引導路線，可在「兩步路戶外
　助手」APP中查看；鹿雁科考線、大鹿線
　等也可搜索查詢。

　　（自駕前往東涌的遊客，需在官方微信公
　眾號「大鵬文旅通」上進行報備）

香港

薄扶林至太平山頂

可以想像嗎？原來在香港僅「一步之遙」，即可從繁華的鬧市切換到綠意盎然的山野。一段始於薄扶林的低難度步道，是打卡香港經典太平山頂的新穎玩法。沿路你可把薄扶林水塘、維港美景、香港天際線盡收眼底，感受香港咫尺自然的魅力。

作為步道第一站的薄扶林水塘，建於 1863 年。它是香港第一座水庫，位於薄扶林郊野公園之內。水塘歷史悠久，周邊有多座建築，如前看守員房舍、石橋等為法定古蹟，在欣賞水塘葱鬱的自然景色時，還能感受香港悠久的人文歷史。

第二站，就是打卡香港天際線的好地方——盧吉道。沿着盧吉道步行大概 20 分鐘到達觀景點，可將香港的摩天大樓、維港絕色美景盡收眼底。記得準備好自拍杆或「攝影師」，盡情拍攝美照吧！

最後一站就是太平山頂的凌霄閣，相比坐纜車上山，徒步登頂會別有一番滋味。凌霄閣是太平山頂標誌性建築，最上層的凌霄閣天台 428，讓你可在海拔 428 米高的觀景台上，360 度俯瞰香港美景。如果遇上日落時分，景色更是一絕。

温馨提示

★開放時間：全天。

★用時參考：約 1.5 小時。

★路線訊息：薄扶林水塘→盧吉道→凌霄閣。

★交通訊息：

（1）出發：從中環交易廣場出發，搭乘 4X、7、30X 或 91 號巴士，在薄扶林水塘道下車。

（2）回程：可搭乘山頂纜車、15 號巴士或 1 號小巴到中環。

香港太平山盧吉道

太平山頂凌霄閣觀景台

灣仔海濱長廊

　　我們換個角度，近距離打卡維港美景。位於灣仔鴻興道維多利亞港沿岸的灣仔海濱長廊，有着許多香港必打卡點，比如造型像一隻展翅飛鳥的香港會議展覽中心，是維港的地標之一，更見證了 1997 年香港回歸偉大的歷史時刻；再往旁邊走兩步就是金紫荊廣場，金光閃閃的金紫荊雕塑在陽光下更顯光彩奪目。

　　沿着海濱長廊慢慢走，還能遇見不少充滿創意的驚喜。灣仔海濱長廊經改造重新開放後，有本地知名插畫家麥雅端創作的 Chocolate Rain 主題作品點綴其中，繽紛可愛的插畫加上藝術裝置，讓人有一種夢遊童話世界之感。而長廊的整體設計更加人性化，不僅有多種涼亭、公共藝術座椅可供遊人休息，還有一座「HarbourChill 海濱休閒站」24 小時對外開放，讓你可慢慢欣賞夕陽西下，萬家燈火逐漸亮起的唯美維港夜景，感受海風中吹來淡淡的鹹味，沉醉在融合海景與煙火氣的景色中。

> **溫馨提示**
>
> ★ 交通訊息：到港鐵灣仔站 A1 出口，步行約 15 分鐘。

▲ 灣仔海濱長廊

二、在城市也可以「森呼吸」

深港兩地，不止高樓多，高山也多。這兩個有海有山的城市，在繁華的鬧市中也能讓你盡情「森呼吸」。山的沉穩大氣，雄偉壯闊，會讓人察覺到生活瑣事的渺小，發現原來可以放下困惑不已的煩惱「小事」，讓心靈獲得寧靜。

深圳

蓮花山公園

作爲深圳經典的城市公園，它對於深圳的歷史意義自然不必多說，矗立在山頂廣場的鄧小平同志銅像一直是人氣打卡點。公園環境優美、視線開闊，在風箏廣場，可以經常看到各色各樣的風箏漫天飛舞；在寬闊平坦的草坪上，還可以搭起帳篷，來一場戶外野餐，對家庭出遊非常友好。

蓮花山公園四季如春，花開不斷，每年都有不同主題的花展，吸引衆多市民遊客前來打卡，人氣爆棚。在蓮花山公園，無論是爬山、放風

▲ 蓮花山山頂俯瞰深圳

箏或是遊船，你都可隨心選擇，它是一個釋放體能、放鬆心情的好地方。公園東門更與網紅打卡地深業上城相連，可以到文化創意 LOFT 小鎮逛逛，打卡新潮買手店，再體驗一下「人均攝影師」的快樂。

> **溫馨提示**
>
> ★ 開放時間：6:30–23:00，22:30 停止入園（全園禁止廣場舞、團體操）。
>
> ★ 門票價格：免費。
>
> ★ 地址：深圳市福田區紅荔路 6030 號。
>
> ★ 其他：位於南門附近的藍楹路與金桂路交匯處，設有母嬰室以及飲水機、便民小藥箱、休息座椅等常用物資，提供休息避雨、諮詢服務等綜合服務。
>
> （詳細訊息可關注官方微信公眾號「美麗深圳」查詢）

梧桐山國家級風景名勝區

作爲深圳的第一高峰，梧桐山是觀賞日出雲霞的絕佳選擇，更擁有「極目所至，晴巒聳秀，紺宇凌空」的絕色美景。西側的仙湖植物園是融合了園林藝術、植物多樣性與自然科普爲一體的多功能植物園，全園共保存植物約 12,000 種，爲自然物種科普提供了豐富的資源，且在不同時期會開展不同主題的自然科普教育活動，向大家展現自然的無限魅力。位於南麓的網紅野餐地恩上水庫，以「古樹＋草坪」爲

梧桐山國家級風景名勝區

組合，爲遊客營造出「綠野仙蹤」般的景觀，成了梧桐山寶藏遊玩地。

　　梧桐山還有其他不同的遊玩方式：想休閒散步的，可以選擇輕鬆的桃花源線；想打卡爛漫杜鵑花海的，可以選擇位於小梧桐的萬花屏；走過那「十里杜鵑」的林間小路，登上大梧桐後，便可遠眺深圳天際線，將海島、山野一次性攬收。另外，這裏視野極佳，在這裏登頂看日出也是不錯的體驗。

梧桐山國家級風景名勝區

徒步登山路線：

　　（1）梧桐山北路—最好走的上山路

　　登山路線：梧桐山北門牌坊 – 梧桐山北路 – 鳳凰台 – 小梧桐廣場（約 7.8 千米）。

　　用時參考：單程 2.5–3.5 小時。

　　（2）泰山澗路線—最好玩的登山道

　　登山路線：梧桐山北門牌坊 – 泰山澗 – 葫蘆池 – 大梧桐（約 5.5 千米）。

　　用時參考：單程約 3–4 小時。

溫馨提示

★ 梧桐山開放時間：7:00–22:00（雷雨、颱風、大霧等惡劣天氣及非開放時間，禁止遊人和車輛進入景區）。

★ 仙湖植物園開放時間：購票入園時間爲 8:00–18:00，免費開放時間爲 6:00–8:00 及 18:00–21:30。

★ 門票價格：可通過關注官方微信公眾號「深圳市仙湖植物園」提前購票，「五一國際勞動節」和「國慶節」法定節假日實行預約進園。

★ 梧桐山地址：深圳市羅湖區蓮塘街道羅沙路 2076 號。

塘朗山郊野公園

　　擁有 8 條登山道的塘朗山郊野公園，是適合週末遠足的好去處。沿着盤山公路漫遊，沿途林蔭翠綠，無論是徒步還是騎行都十分適合。如果是第一次來，記得一定要登上百尺天梯，到山頂的觀景平台上一覽深圳城景。向南可眺望蛇口和香港，向北可看西麗水庫，還有西面的南頭城市風貌和東面延綿的梅林山景，真的是 360 度全方位覽勝的勝地。

　　這裏自然條件優越，孕育出了豐富的生物資源。公園南麓的深雲谷景區內有多種國家重點保護植物，如桫欏、蘇鐵蕨、土沉香、金毛狗等，還可以去看看能否碰到山中的鳥、猴、蝴蝶等野生動物，來一場自然奇遇記。

塘朗山郊野公園

遊園及登山路線：

　（1）登頂覽勝路線：

　　常規拉練版：極目閣登山道，全長 4.5 千米，用時約 60 分鐘。

　　快速登頂挑戰版：荔雲登山道，全長 1.7 千米，全程爲步行台階，適合徒步健身。

（2）親水綠野秘境路線：

　　深雲谷景區內，互相貫通的 6 條登山道——樂山徑、翠竹徑、茶香徑、相思徑、香樟徑及鳳凰徑，共約 9.6 千米。6 條登山道互相貫通交織在一起，既適合一家老幼短途漫步，又可供喜愛鍛煉的人士登山健身。

▲塘朗山郊野公園

溫馨提示

★開放時間：7:30–22:00。

★門票價格：免費。

★地址：深圳市南山區龍珠大道龍珠六路 51 號。

★其他：公園主入口和公園最高峰塘朗頂可提供應急醫藥用品及輪椅等；極目閣登山道沿途設有自動售賣機，主要提供飲料和零食。

　　（更詳細訊息查詢官方微信公眾號「美麗深圳」）

香港

大帽山

　　海拔高達 957 米的大帽山是香港的最高峰，位於新界中部，是一座死火山。因海拔較高，即使在炎炎夏日，置身山上也會感到明顯涼意。幸運的話還能體驗一回在高速流動的浮雲中穿梭的「騰雲駕霧」之感。

大帽山

　　在春季，這裏還有盛放的台灣山櫻可打卡。如果你從扶輪公園停車場出發，會先看到花園中央的日晷。拾級而上到扶輪公園觀景台，更可以在綠意間眺望維多利亞港以及對岸的港島景色。再沿着大帽山路前進，便能到達大帽山郊野公園遊客中心，這裏有展覽可以了解到有關香港本地野生動物及環境的訊息。

　　離開遊客中心再往麥理浩徑第八段，沿山坡而上，你會看到空曠的大帽山觀景台，開闊的視野，讓你飽覽壯麗的香港全景，如果在這裏看日出，可以欣賞到雲霧籠罩的雲海美景。

> 溫馨提示
>
> ★用時：約 2 小時（來回約 4 小時）。
> ★距離：約 5 千米。
> ★地址：香港特別行政區荃灣區。
> ★交通訊息：於港鐵荃灣西站附近的如心廣場，搭乘 51 號巴士，在大帽山郊野公園站下車，下車後向反方向步行，再左轉進入大帽山道，沿着小徑前行便會到達扶輪公園。

大嶼山

　　大嶼山位於香港的西南面，是香港最大的島嶼。說起大嶼山，肯定不能錯過的就是「世界十大驚喜纜車之旅」之一的昂坪 360。索道全長 5.7 千米，坐在上面可以看到全球第二大的戶外青銅坐佛：天壇大佛；還能眺望世界最長的跨海大橋：港珠澳大橋。整個纜車行程約 25 分鐘，可以說真正實現了「翻山越海」。

　　膽子大一點的朋友，還可以選擇特別設計的水晶車廂，全塊玻璃底的纜車，讓你更有在空中飛翔之感。下纜車後，還可以逛逛昂坪市集，

大嶼山昂坪 360 纜車

走近宏偉的天壇大佛，參觀香港著名的佛教聖地寶蓮禪寺，在梵音裊裊中讓心境回歸平和寧靜。

溫馨提示

★ 開放時間：景區全天開放，昂坪 360 週一至週五 10:00–18:00，12 月份週末及公眾假期 9:00-18:30。

★ 門票價格：昂坪 360 票價可登錄官網「昂坪 360」或各景區購票渠道購買。

★ 地址：香港特別行政區新界離島大嶼山。

嘉頓山

上文介紹了香港白天登高遠眺的好地方，現在給大家換個思路，帶大家登高看看香港充滿煙火氣的夜景。

位於深水埗的嘉頓山，雖然海拔不高，更像是城中的丘陵，但登高眺望，還是能把香港城中繁華的煙火氣盡收眼底。尤其是接近日落時分，看著遠方天空漸漸染紅，兩旁高樓的燈火慢慢亮起，山下的煙

嘉頓山日落景觀

火氣與山上的寧靜同時存在，讓人彷彿成了城市與生活的旁觀者。

　　嘉頓山登山難度不高，約 15 分鐘即可登頂，山頂有一塊大石是最佳觀景點，在這裏拍照打卡日落和夜景，隨手一拍就是大片。

溫馨提示

★ 開放時間：全天開放。

★ 門票價格：免費。

★ 地址：香港特別行政區深水埗區嘉頓山。

★ 其他：雖然爬山難度不高，但仍需注意腳下安全。

三、擁抱大海的浪漫與奇妙

　　要説深港兩地最迷人的自然景色，除了高山，還有大海。無邊的蔚藍，似乎總藏着浪漫與奇妙，為這兩個繁華的都市增添一絲神秘的色彩。兩地綿長的海岸線，給予了人們隨時與大海擁抱的機會，現在就來迎接大海蔚藍的「抱」擊吧！

深圳

大鵬半島

　　深圳 260.5 千米的海岸線，大鵬就佔了將近一半。三面環海的大鵬，分佈着大小不等的 48 處沙灘，其中還有不少網紅打卡地。比如官湖村一望無際的蔚藍海岸線，配上彩色民居的夢幻風景，不用出國，在這裏就能打卡異國風情。在陽光和大海的襯托下，民居的色彩變得更鮮艷奪目，就好像增添了一層青春和夢幻的濾鏡，讓人不捨離去。

　　沿着七彩的民居走到路的盡頭，就能到達美麗的海灘。踏上潔白的沙灘，腳底感受着細沙的柔軟細滑，望向海上隨海浪搖擺的小船，以及遠處若隱若現的香港群島，彷彿進入了一幅唯美的電影海報中。

除了打卡絕美景色，也不要錯過這裏的國家地質公園博物館，它是深圳市目前唯一的地質類綜合博物館，可通過 3D 科普影院，以融合趣味科技的形式了解自然的神奇力量。

大鵬半島海景

大梅沙海灘

大梅沙海灘是不少深圳人渡假或團建記憶中的老地方，坡緩浪平，海水清澈，有配套完善的旅遊設施和豐富的娛樂項目。

如果是想靜靜欣賞大海的魅力，沙灘旁就有景色宜人、適合漫步的濱海棧道。可以跟朋友試試找一個獨特的角度，把沙灘上創意的打卡裝置和遠方落日同框拍下，相信也會是秒爆朋友圈的大片。

大梅沙海灘

如果想挑戰拍一點與眾不同的照片，從不同的角度打卡海岸線，還可以登上大梅沙願望塔，看看被青山三面環繞的大梅沙。大梅沙附近還有東部華僑城、大梅沙京基洲際渡假酒店等，來這裏渡假可以說是省心又省力。

溫馨提示

★開放時間：大梅沙海濱公園 7:00-23:00。

★門票價格：免費。

★地址：深圳市鹽田區梅沙街道梅沙社區鹽梅路東大梅沙海濱公園。

★其他：位於鹽梅路與宋彩道交匯處的公園風信廣場入口處，設有衛生間及飲水機、便民藥箱、便民雨衣、公益輪椅等常用物資，提供遊園諮詢、失物認領、廣播尋人、幼兒托管等綜合服務。

（更詳細訊息查詢官方微信公眾號「美麗深圳」）

深圳灣公園

說起深圳市中心的海，或許很多深圳人第一個想到的就是深圳灣公園。位於深圳西南部的深圳灣公園，由紅樹林海濱生態公園和濱海休閒帶兩部分組成，兼具紅樹林的獨特生態風景和濱海的浪漫，可以滿足不同玩法。

每年 10 月至次年 4 月，是到深圳灣公園觀鳥的最佳時期。屆時紅樹林海濱生態公園會有數以萬計的候鳥到訪越冬，幸運的話更可以觀賞到「鳥中大熊貓」黑臉琵鷺。碰上日落時分，可欣賞到變成金橘色的海面和成群飛舞的海鷗共同構成的美好畫面。

▲深圳灣公園

　　深圳灣公園內大片的臨海草坪，不僅是觀賞城市天際線的絕佳場所，也是出了名的野餐勝地。附近的海風運動公園還專設帳篷區，常年人氣十足，還能打卡連接香港的深圳灣大橋。在深圳灣濱海休閒帶的西段，可從紅樹林濱海生態公園到達蛇口海上世界，一天內就可打卡深圳自然的靈氣與繁華的煙火氣。

深圳灣公園

溫馨提示

★開放時間：6:00－23:00。

★門票價格：免費。

★地址：深圳市南山區望海路。

★其他：

（1）觀鳥季是10月至次年4月，12月與3月是觀鳥黃金期。

（2）文明觀鳥，禁止向候鳥投食，或驅趕恐嚇。避免穿紅色等較艷麗顏色的衣服干擾鳥群。

香港

長洲島

被稱爲香港離島中的「文藝王子」，可見長洲島的浪漫與文藝放在香港也是獨一份的。這裏有漁村的質樸、簡單，也有西式的精緻、浪漫，還有海島的寧靜與悠閒。漫步其中，你會明白麥兜眼中椰林樹影、水清沙幼的「馬爾代夫」爲甚麼會是長洲島。

在長洲島不僅可以感受海島風情，還能打卡很多極具香港特色的小吃店。你可以從街頭吃到街尾，遠近馳名的大魚蛋、炭烤魷魚及芒果糯米糍等都是必打卡的美食。到了傍晚，還可以到碼頭附近的海鮮酒家，點兩三樣當季海鮮美食，伴着日落，享受鮮味和「鑊氣」都十足的大海之味。

每年農曆四月，平日寧靜的長洲島就會變得熱鬧非凡，因爲這時候會迎來超高人氣節慶活動——太平清醮，緊張刺激的「搶包山」，精彩紛呈的飄色巡遊，都會讓你發現這個文藝小島有趣的另一面。

長洲島

十九世紀末，香港島太平山街的海陸豐居民爲酬謝北帝袪除瘟疫，舉辦「太平清醮」活動，後來「建醮」活動遷往海陸豐人聚居的長洲北社街舉行，是國家級非物質文化遺產，更獲美國《時代週刊》雜誌網站選爲「全球十大古怪節日」之一。

長洲島

南丫島

　　與長洲島隔海相望的南丫島，距離香港市區航程不用 1 小時，是香港人的渡假休閒勝地。島上有榕樹灣及索罟灣兩個碼頭，建議可選擇一個碼頭作為起點，慢慢在小島閒逛後在另一碼頭乘坐渡輪離開，不走回頭路會讓你在島上的「偶遇」更為珍貴。

　　島上不僅有充滿香港色彩的漁村，還有極富個性的工藝品店、書店、咖啡館等。它們似乎都不刻意招攬客人，但卻有一種「世界上有那麼多咖啡店，她卻偏偏走進我這家」的宿命感。也許不經意間，當你走進一家特色小店，便會遇見尋覓良久的心動。

▲南丫島日落景觀

　　南丫島還是不少港劇的取景地，尤其是位於榕樹灣大街盡頭的天后宮，是港劇《離島特警》《美味情緣》《女人唔易做》的取景地。南丫島還是香港著名演員周潤發的出生地，熱愛港產影視作品的朋友自然不能錯過了。

溫馨提示

★ 開放時間：全天。
★ 門票價格：免費。
★ 地址：香港特別行政區離島西南部。

淺水灣

　　想欣賞香港的蔚藍海景，放慢一下生活的腳步，那位於香港島南區的淺水灣也是個好選擇。這裏是香港最美海灘之一，更是豪宅集中地。

　　淺水灣不僅海水清澈見底，沙子更幼細柔軟，在這裏吹吹海風都讓人覺得愜意無比。因海域條件優越，自十九世紀以來，淺水灣一直是香

港的主要海灘，香港島首個公共巴士服務的開通，就是爲了迎合絡繹不絕來這裏的遊客。

　　如果在沙灘上玩累了，不妨到附近的購物商場 The Pulse 逛逛，這裏有多間坐擁迷人海景的餐廳，更有多種新鮮美食可選擇，一邊欣賞海景，一邊品嘗美食，不可不謂人生一樂也。飯後如果想消食散步，可以沿着麗海堤岸路走走，石磚長廊沿海而建，道路平緩好走，非常適合一家大小。從淺水灣出發，大概 30 分鐘可散步至深水灣，沿路可以眺望香港遊艇會、海洋公園等景色。

溫馨提示

★ 開放時間：全天。

★ 門票價格：免費。

★ 地址：香港特別行政區香港島淺水灣海灘道。

★ 其他：到訪前請查看相關網站，了解沙灘的救生員服務安排。請勿在沒有救生員服務的沙灘游泳，以免發生意外。

　　（詳細訊息可掃描右側二維碼登錄官方網站查詢）

第三章

化身潮流超級玩家

　　自由，是深港共同的標籤。多樣的潮流玩法，讓兩地充滿無限可能。無論大人還是小孩，在深港總能找到釋放熱愛的玩法，從主題樂園中上天入水的快樂，到擁抱山海的熱汗挑戰，再到不同展覽帶來的同頻心動⋯⋯如果你想體驗盡情釋放心中熱愛的自由，那就出發到深港吧！

一、玩轉深港快樂星球

　　去主題樂園做個快樂的「孩子」，可不止是小朋友的權利。在深港兩地的快樂星球上，多樣的趣味玩法，讓大人和小孩都能放飛童心，收穫滿 Fun 回憶。

深圳

世界之窗

　　世界之窗主題公園可以説是陪伴着深圳的發展，早已成爲深圳著名地標之一，也是不少深圳人的共同回憶。從泰姬陵、凱旋門到埃菲爾鐵塔，囊括 130 多處世界著名景點景觀微縮版的世界之窗，從滿足了改革初期的「不出國看世界」的樸素願望，到如今「去世界之窗看世界」，走過 30 年依舊擁有着輸出快樂的魔力。

　　進入園區後，可以先到亞洲區乘坐「空中花園」，體驗心跳加速懸吊在半空的纜車，將幾大區域的風景盡收眼底，來個「空中」打卡照也是不錯的。

　　除了「空中花園」，世界之窗還有激流大峽谷、阿爾卑斯冰雪世界、重返侏羅紀等多個趣味體驗項目等着你。在世界之窗，每天都有來自世界各地的特色活動上演，爲你展現世界不同文化的風情與魅力。

世界之窗

溫馨提示

★ 開放時間：9:00–21:30。

★ 門票價格：門票及演出時間可關注官方微信公眾號 / 官網「深圳世界之窗」查詢。

★ 地址：深圳市南山區深南大道 9037 號。

▲ 深圳歡樂谷

世界之窗

歡樂谷

　　想到主題公園體驗心跳狂飆的感覺，深圳歡樂谷肯定不容錯過。這個老字號深圳主題樂園，上天入水讓歡樂又刺激的體驗一應俱全。像雄霸熱門必打卡榜單已久的雪域雄鷹——全球至尊彈射式過山車，2 秒提速狂飆，135 千米 / 小時高空疾馳，60 米垂直跌落，90 秒全程瘋狂心

跳，上天、入地、下海三重體驗讓你直呼過癮。

　　園內一共有西班牙廣場、魔幻城堡、西部礦鎮、香格里拉、陽光海岸、颶風灣、瑪雅水公園、歡樂時光、迷你世界冒險山等九大主題區，從休閒的水上 SPA 到緊張刺激的機動遊樂項目，不同年齡段的遊玩需求都一一兼顧，是一家大小出遊的好選擇。園內更有各種精彩紛呈的演藝節目，如大型沉浸式實景表演「賞金獵人」、融入現代高科技光影技術的 5D 炫彩光影秀等等，輪番上演着精彩與熱鬧，持續地為你提供快樂值 MAX 的體驗。

▲ 深圳歡樂谷瑪雅水公園

溫馨提示

★ 開放時間：週一至週五開園時間 9:30，夜場開放時間 18:00，
　 閉園時間 21:30；週六至週日 10:00-22:30（具體時間以園區現
　 場公示為準）。
★ 門票價格：價格參考官方微信公眾號 / 小程序「深圳歡樂谷」。
★ 地址：深圳市南山區僑城西街 18 號。

香港

香港迪士尼樂園

　　說到奇妙旅程的體驗，怎麼能少了香港迪士尼樂園呢？被稱作「世界上最快樂的地方」的迪士尼樂園，是到香港遊玩的必打卡地。除了體驗好玩刺激的遊樂設施，還能與迪士尼各個人氣角色見面，更可盡情享受精彩紛呈的表演。事不宜遲，現在就啟程吧！

　　進入園內，一定要去拍照參觀的就是迪士尼的地標建築——奇妙夢想城堡。這座靈感來自 13 位迪士尼公主及女王故事的城堡，象徵着多元共融，以及勇氣與希望。城堡每天從早到晚更有讓人心醉的奇妙演出，像澎湃激昂的「迪士尼尋夢奇緣」，以及震撼人心的「迪士尼星夢光影之旅」等，讓你的奇妙夢想從此開始！

　　香港迪士尼樂園不僅有令人目不暇接的表演，更有多種趣味遊樂設施。你可前往明日世界，體驗漫威主題遊樂設施「鐵甲奇俠飛行之旅」；也可探索香港迪士尼樂園獨有的遊樂設施「迷離大宅」，搭乘「迷離莊園電磁廂車」遊遍 8 個不同主題的魔法博物館，感受魔法帶來的奇妙。

香港迪士尼樂園渡假區

香港迪士尼樂園渡假區

溫馨提示

★ 開放時間：具體情況以官方公佈爲準。

★ 門票價格：詳情可關注官方微信公眾號「香港迪士尼樂園渡假區」查詢。

★ 地址：香港特別行政區荃灣區大嶼山竹篙灣。

香港海洋公園

　　依山傍水的香港海洋公園，絕對是探索自然與激情玩水的好去處！作爲亞洲首個全年、全天候開放的臨海水上樂園，公園內共有 5 個特色主題區可盡情探索暢玩。

　　如果你喜歡動感的水上項目，可以試試「熱帶激流」，深入熱帶雨林中，感受漩渦和激流帶來的旋轉快感，在昏暗的森林和耀眼的陽光中穿梭，體會探險的樂趣。如果你是帶着孩子出遊，想多了解海洋世界的

奧秘，可以來到充滿奇妙體驗的「海洋奇觀」，站在館內「泡泡隧道」中直徑達 5.5 米的圓頂下，觀賞不同角度下的水底世界，看超過 5,000 條珍貴魚類從你頭頂遊過，感歎海洋世界的奇妙無窮。

到海洋公園，不要錯過登山纜車與海洋列車，兩者都是用於連接山下海濱樂園與山上高峰樂園的交通，風景各有特色。纜車索道全長 1.5 千米，通過架空鋼索連接山上山下，沿途可欣賞到港島南區及南中國海的壯觀景致。而海洋列車則是穿越全長 1,300 米的隧道，單程僅需 4 分鐘，讓你遊玩體驗更暢快。

▲ 香港海洋公園

▲ 香港海洋公園

溫馨提示

★ 開放時間：10:00－19:30，公園會因維修、保養、天氣或其他情況而臨時關閉園內任何機動遊戲或景點，詳情可關注官方微信公眾號「香港海洋公園」查詢。

★ 地址：香港特別行政區南區香港仔黃竹坑南朗山（近集古村）。

二、上山下海釋放熱愛

深港兩地，除了主題樂園，還有擁抱山海的熱汗玩法等着你來挑戰。要嘗試在海上碧波中探索身體與自然的平衡感嗎？要迎着晨光，在鳥語花香中破風前行嗎？有些體驗隔着空調與玻璃窗是無法感受的，現在就走出門，在自然中奔向熱愛吧！

深圳

濱海潮玩

夏天，深圳濕熱漫長加上得天獨厚的濱海資源，讓深圳的濱海運動豐富多彩，更是揮灑熱汗的必選玩法。

作為國內適合大帆船運動的城市，如果你想體驗一回航海家的夢想，到深圳就對了。大海浩瀚而神秘，帆船就是一種征服大海的運動，在波濤的拍打中，抵受着烈日的煎熬，耐心調整帆的角度，讓帆船可以破浪前行。這種無畏無懼的勁頭確實很能體現深圳人敢想敢拼的精神。難怪中國杯帆船大賽已在深圳舉辦至第十四屆，成為深具影響力的國際

帆船運動

賽事。

　　除了「見慣」大風大浪的帆船運動，在深圳你還可以體驗各種潮流濱海運動，像皮划艇、沙灘排球等，跟孩子或朋友拉近彼此的距離，感受同心協力的美好。

< 體驗地推薦 > 西涌海灘、大鵬玫瑰海岸等。

溫馨提示

★ 海邊紫外線強烈，注意防曬。

★ 海上活動有風險，請選擇具有營運資質的商戶和組織，並在活動前購買戶外或水上活動保險。

★ 出發運動前，提前做好準備，包括關注天氣情況、備足飲用水等。

陸地潮玩

想體驗時下最熱門、最「上頭」的運動？在深圳永不缺乏這樣的機會。在這座年輕的城市裏，各種拼體力、腦力的花樣玩法從不缺席。現在就出發吧！

深圳的公園離市中心如此近，感覺下了班就能到公園逛逛。而在深圳這個活力城市，逛公園也有多種玩法。像被戲稱為「丟沙包」升級版的飛盤運動，門檻不高，人人可參與，更融合了橄欖球、足球和籃球的運動特點，讓你在跳躍、追逐中重新感受兒時遊戲的樂趣。

除了飛盤，低碳的戶外運動，如

郊野徒步

瑜伽、徒步、騎行等都十分適合深圳。在這個山海連城的城市裏，你可以悠閒地走進山海間，在山林碧道中感受風中吹來淡淡的芳草氣息，用腳步丈量這片土地的生機與活力。

體驗地推薦　梅林山郊野公園、深圳灣公園等。

溫馨提示

★戶外遊玩，注意防曬及補水。

★公園中綠化程度高，請做好蚊蟲防護。

★倡導無痕旅遊，請自備垃圾袋帶走垃圾。

香港

濱海潮玩

　　與深圳一河之隔的香港，在五光十色的都市生活外，也可到廣闊無垠的大海盡情玩樂。香港雖然土地面積不大，卻擁有綿長海岸線，在水清沙幼的海灘上，你可盡情打開海邊潮玩的隱藏菜單，釋放對大海的熱愛。

　　香港擁有多個優良海灣，可以讓水上運動避開強勁的水流和風浪，而且海灣離市區並不遠，1小時左右的車程，即可感受大海的無限魅力。像這幾年非常流行的槳板運動，雖然只是一塊簡單的平板，但要成功站立在上面並不簡單。而一旦站立以後，你便可感

受到大海獨有的自由自在，彷彿眼前的一片海只屬於你。

　　除了槳板，在清澈的海面上挑戰獨木舟、衝浪等也是不錯的體驗。在一望無際的海洋上，追風逐浪，與同伴一起感受與大自然的緊密聯繫，也是一種獨特的回憶。

滑浪風帆

海上槳板

體驗地推薦　南區赤柱、大嶼山南岸、西貢沙下等。

溫馨提示

★海邊紫外線強烈，注意防曬。

★海上狀況時有變化，建議大家出發前，先查看香港天文台網站的水上運動天氣資訊。參加由持牌旅行社提供的旅行團保障安全，進行所有水上運動必須穿上救生衣。

★香港的沙灘一般在每年4月至10月提供救生員服務。詳情請參閱康樂及文化事務署網站。請勿在沒有救生員服務的沙灘進行水上運動，避免意外發生。

陸地潮玩

騎行運動

香港，乍看之下給人感覺街道繁忙擁擠，還多帶有斜坡，好似與騎行無緣。但其實，香港設有多條自行車道，隨着騎行愛好者的增加，騎行在香港越來越受歡迎，更有多種經典有趣的騎行路線，推薦你一定要來試試。

如果想體驗反差感，推薦你沿着深港邊境騎行。沿着梧桐河向北，在大水管過河，然後一直向北，就到達深港邊境。邊境一邊是綠野叢林，另一邊是摩天大樓，自然山野與繁華都市同框，這樣的反差感確實值得打卡。從聯合墟往返深港邊境，大概需騎行 10 千米。

還有沙田到大美督的騎行路線，也是十分推薦。這條騎行路線難度不高，且風景秀麗，非常適合一家大小前來體驗。從沙田的城門河出發，可經過坐擁碧海藍天美景的吐露港，最後在大美督水壩結束騎行之旅。

體驗地推薦 大圍到大美督、長洲、深港邊境等。

溫馨提示

★騎車安全注意事項、規則等訊息可掃描右側二維碼登錄香港特別行政區運輸署關於單車資訊中心的網站查詢。

三、四季巡展藝起心動

作爲國際化的大都市，深港兩地不時會舉行各種主題的大型會展，讓有共同愛好的人士可以聚首一堂，一同狂歡。更可以接觸國際上最新最潮流的資訊，感受世界發展的脈搏。現在就跟我們一起，打卡深港兩地經典會展吧！

深圳

深圳國際寵物展

說到國內寵物友好城市，深圳必定榜上有名。而深圳寵物展更是灣區寵友的嘉年華。不僅匯聚了眾多國際寵物行業龍頭和大量新興品牌，更有寵物食品、用品等的交流展出。想幫「主子」選品購物，來這裏就對了。

除了可瘋狂囤貨掃貨，寵友還可以現場「吸貓」、「吸狗」，盡情感受「毛孩子」的治癒力。這裏還有世界名貓展 UDCC 積分賽等高端賽事，觀賞性與專業性齊備，想看「名模」級別的美貓嗎？那就不要錯過了。

自 2015 年起舉辦的深圳寵物展，是深圳的特色展覽之一，也是「萌寵」愛好者每年必打卡的展會之一。現場有眾多寵物愛好者，聊上幾句，說不定就能迅速獲得一堆寵友，以後帶「毛孩子」出去玩就有伴啦！

温馨提示

★詳細訊息可關注官方微信公眾號「深圳寵物展」查詢。

粵港澳大灣區車展

　　除了萌萌噠小動物，外形靚麗、發出轟鳴聲的名車同樣容易讓人瘋狂。粵港澳大灣區車展，在汽車產業中有着「風向車展」的指標性地位，對業界影響力深遠，更是汽車迷不容錯過的盛會。

　　展會分為室內及室外區域，在最新一屆展會上，首次全方位打造了圈層式、互動式、共享式展館，讓觀看體驗更上一層樓，更創下國內車展展館使用率的新紀錄。而車展的一大亮點，自然少不了中外汽車品牌的名車、新車亮相，多款首發車、概念車都在展會上閃亮登場！讓粵港澳大灣區車展成為中外汽車品牌爭奇鬥艷之地。

　　而場外，首次引入的城市級無人駕駛車隊巡遊讓人驚艷，在指定區域或路線開展自動駕駛接駁服務，參觀者可擁有一次充滿未來感的乘車體驗。在其他展區更有新能源車試乘試駕活動。

▲粵港澳大灣區車展

溫馨提示

★詳細訊息可關注官方微信公眾號「粵港澳大灣區車展」查詢。

香港

香港藝術節

自 1973 年揭幕以來，香港藝術節一直是國際藝壇重要的文化盛事。每年 2、3 月期間呈現眾多優秀本地及國際藝術家的演出。藝術節形式多樣，從舞蹈、歌劇、音樂劇、戲曲、繪畫、服飾等藝術領域應有盡有，讓市民和遊客可一嘗藝術大餐。

藝術節節目豐富，如果不想錯過心儀的表演，每年在藝術節前，官方渠道都會公佈表演日程和安排，可提前留意，記下心儀節目的上演時間。

每年 3 月更是香港的藝術月，除了可以欣賞精彩的藝術表演外，慢走在香港的街頭巷尾或各大展館中，隨時可能偶遇飽含創意的藝術展品。在春意爛漫的 3 月，不妨到香港，與藝術來一場心動邂逅。

藝術表演

溫馨提示

★詳細訊息可關注官方微信公眾號「香港藝術節」查詢。

香港書展

　　如果説暑期到香港一定不能錯過的展會，香港書展肯定是其中之一。自 1990 年舉辦以來，歷經 33 屆的香港書展可以説是香港暑期極具人氣的活動。無論是大人還是小孩，都能在這裏盡情沉浸在書海裏，一站式品味全球不同領域的佳作。

　　香港書展不僅會邀請各領域的作家做不同的主題講座，讓讀者與心儀的作家面對面交流，豐富閱讀體驗及理解，還有各種趣味活動可預約報名。「文藝廊」專區內，會展出作家相關的珍貴藏品，如絶版作品、親筆手稿、構思草圖等，讓參觀者可更了解作品的創作過程。而「香港運動休閒博覽」及「零食世界」展區，則可讓大家在體會閱讀樂趣的同時，能一站式打卡香港的休閒運動資訊，以及本地特色美食。不用走遍香港就可快樂消費購物。

▲ 書展

溫馨提示

★ 開展時間：每年 7 月。

★ 門票價格：可掃描右側二維碼登錄官方網站查詢。

★ 地址：香港灣仔港灣道 1 號香港會議展覽中心。

第四章

藏身深港的文藝靈魂

　　文化與藝術，最能展現城市的氣質，也能讓人的靈魂充實而美好。深港兩地，曾經被認爲在急速發展下缺少精神的滋養。但其實，充滿創意的文藝種子，早已在兩地「開花結果」。從國際級的大師作品，到充滿個性的小衆藝術，都在這裏「肆意生長」。漫遊其中，相信你一定能發現驚喜。

一、與大師同行，觸動靈魂深處

　　文化、藝術對於一個人的影響，不僅在於美學、個人修養上的提高，更多的在於拓寬對人生、對世界的思考。在深港兩地，高水平高規格的博物館、美術館、藝術館比比皆是，每到一處，皆能感受對靈魂深處的觸動。

深圳

深圳市當代藝術與城市規劃館

　　要感受深圳獨特的文藝氣息，就不能錯過深圳市當代藝術與城市規劃館。它是深圳最受遊客喜愛的藝術展館之一，由當代藝術館和城市規劃館兩部分組成，極具科技和未來感的外觀，讓其成爲深圳文化藝術的新地標。

　　在這裏，你可以獲取全球化視角下的當代藝術體驗，作爲亞洲目前最大的室內藝術展廳，當代藝術館擁有畫作、攝影、雕塑等衆多藝術形式，吸引了來自全球不同地區的藝術家與各領域藝術愛好者駐足欣賞。

　　在當代藝術館中可在藝術世界「翱翔」，而城市規劃館則可拍攝融

▲ 深圳市當代藝術與城市規劃館

合藝術與科技感的大片！場館建築突破傳統概念，不規則的外形採用大量傾斜、扭曲、旋轉曲面構成，結構體系複雜，建設施工都極具探索性和挑戰性，這樣的大膽與創新正如場館標語所言：Tomorrow starts here（未來由此發生）。

　　想探索深圳融合藝術與科技的獨特氣質？就從這裏開始吧！

溫馨提示

★ 開放時間：週二至週日 10:00−21:00（20:30 停止當天預約和入場），逢週一閉館（法定節假日另行通知）。

★ 門票價格：

（1）免費常設展：需預約入館，每天分 10:00−14:00、14:00−17:30 兩個時段。

（2）售票特展：按實際展覽購票。

★ 地址：深圳市福田區蓮花街道福中路 184 號（福中一路與鵬程四路交匯處）。

　　（詳細訊息可關注官方微信公眾號「深圳市當代藝術與城市規劃館」查詢）

深圳博物館

深圳博物館是深圳第一個文博機構，成立於 1981 年，作為「國家一級博物館」，其現有各類藏品 4.5 萬多件，收藏的青銅器、陶瓷器、近現代書畫和世界野生動物標本等處於省內領先水平，是博物館中的耀眼明星。

深圳博物館

深圳博物館現有歷史民俗館、古代藝術館、深圳改革開放展覽館、東江游擊隊指揮部舊址 4 處館址，其中以位於福田中心區的歷史民俗館與古代藝術館的展覽規模最大、頻次最高、種類最豐富，深受市民遊客的喜愛。

歷史民俗館的 5 大常設展覽讓你感受「一步一深圳」的魅力，一日就能見證深圳在歷史長河中的變遷與發展。到古代藝術館一遊，則能欣賞琳琅滿目的中國古代藝術文物，就連館內的 3 部白色「膠囊」觀光電梯，也充滿了復古氣息，成為人氣超高的拍照打卡地。

溫馨提示

★開放時間：

（1）深圳博物館歷史民俗館、古代藝術館、東江游擊隊指揮部舊址：週二至週日 10:00-18:00（17:30 停止入場，週一閉館）。國家法定節假日正常開放，提前至 9:30 開館，節後第一天閉館。

（2）深圳改革開放展覽館：10:00-18:00（17:30 停止入場），逢週一閉館（法定節假日另行通知）。

★門票價格：免費，需預約入館。

★地址：

歷史民俗館：深圳市福田區市民中心 A 區。

古代藝術館：深圳市福田區同興路 6 號。

改革開放展覽館：深圳市福田區福中路 184 號深圳改革開放展覽館（深圳市當代藝術與城市規劃館四樓、五樓）。

東江游擊隊指揮部舊址：深圳市羅湖區南慶街 13 號。

（詳細訊息可關注官方微信公眾號「深圳博物館」查詢及預約）

關山月美術館

▲ 關山月美術館

1997 年 6 月 25 日正式落成開館，坐落於深圳福田區蓮花山下紅荔路 6026 號關山月美術館，與周邊的深圳音樂廳、深圳圖書館、深圳博物館、深圳市當代藝術與城市規劃館等建築一起，共同構成了深圳的文化中心。

　　從建成之日起，這個國家級美術館就成爲觀賞、研究關山月作品最權威的機構，館內藏品近 3,000 件，其中關山月先生的作品超過 800 件。關山月生前將自己一生中各個歷史時期的代表作品及其生活、藝術和教育實踐的系統資料捐贈給深圳，美術館由此誕生，成爲這些偉大作品的永久珍藏之地。

　　館內藏品以花鳥、山水國畫爲主，通過不同時期的畫作可以了解到當時歷史背景下國畫的發展歷程，對研究我國近代國畫發展有重大意義。很多經典的作品都不能錯過，比如《綠色長城》《九十年代第一春》等等。而館內的 1 樓、3 樓則不定期舉辦不同主題的展覽，讓大家可以多角度地認識不同的藝術形式，感受藝術之美。

小知識

　　關山月（1912 年 –2000 年），廣東陽江人，是中國當代最著名的國畫家之一，嶺南畫派的重要代表人物。

溫馨提示

★ 開放時間：9:00–17:00（16:30 停止入場）逢週一閉館、法定節假日另行通知。

★ 門票價格：美術館採取實名制預約進館，詳情請關注官方微信公眾號「深圳市關山月美術館」。

★ 地址：深圳市福田區紅荔路 6026 號。

★ 其他：觀看展品時，須在黃線以外，嚴禁觸摸展品，展廳內禁止拍照。

香港

香港藝術館

　　過去十年間，香港彷彿經歷了一場文藝浪潮，大量的外國藝術湧入，而本土藝術也迅速崛起。文藝種子遍佈大街小巷，讓中環、深水埗、西九龍等舊區都呈現了新氣象。而作為香港第一個公營藝術館，成立於 1962 年的香港藝術館，正是探索香港文藝氣質的首選地。

　　位於尖沙咀沿海的香港藝術館擴建後，展覽空間增加至 1 萬平方米，外牆採用通透的設計和大量的玻璃幕牆，讓參觀者可在維港海景的襯托下觀賞藏品。館內守護超過 18,800 套藝術珍品，跨越古今中西，包括中國新石器時代的瓷器文物、中國書畫、外銷藝術品與香港藝術品。藝術館的四大館藏中，以中國文物種類最豐富、歷史最悠久，上至新石器時代，下至二十世紀。你可從文物藏品的觀賞中，感受中國藝術發展的脈絡。

　　遊覽其中，你不難發現在香港藝術館內，處處可見新媒體技術與傳統藝術的結合。這一切正如藝術館的使命：以香港視點，演繹多元萬象的藝術世界，讓藝術連結生活，讓科技與古老的美學和諧地融合，讓藏品不再冰冷而呆板。要想擁有富有生氣的觀賞體驗，不妨到香港藝術館一探究竟。

溫馨提示

★ 開放時間：週一至週三、週五 10:00–18:00，週六、日及公眾假期 10:00–21:00，聖誕前夕及農曆新年除夕 10:00–17:00，週四（公眾假期除外）、農曆年初一及初二休館。

★ 地址：香港特別行政區九龍尖沙咀梳士巴利道 10 號。

★ 其他：票務處於閉館前 30 分鐘關閉。

　　（詳細訊息可掃描右側二維碼登錄官方網站查詢）

▲香港藝術館

香港故宮文化博物館

　　於 2022 年 7 月開放參觀的香港故宮文化博物館，是西九文化區管理局與故宮博物院的合作項目，致力推動公眾對中國藝術和文化的研究和欣賞，促進不同文化之間的對話。

香港故宮文化博物館

　　博物館中展示的 900 多件珍貴藏品，正是從故宮博物院超 186 萬件的藏品中精挑細選出來的，不少是首次於香港公開展出，其中部分藏品更是從未對外公開，其珍貴和觀賞性可見一斑。

　　館內多個常設展都頗受歡迎，例如「紫禁一日──清代宮廷生活」，可以說是滿足了大家想探究清代宮廷生活的好奇心。整個展覽分爲八個單元，真實展現出帝王的一天。參觀者還可以通過互動屏幕臨摹書法，再製作成圖片保存。這樣好看又好玩的互動方式，正體現了博物館的策展理念：用香港和當代的視角，通過科技演繹故宮和傳統文化的融

▲香港故宮文化博物館

合，引導參觀者用新視角理解傳統文化。這樣新穎有趣的參觀體驗，來到香港就不要錯過了。

溫馨提示

★ 開放時間：週一、三、四、日 10:00-18:00，週五、六及公眾假期 10:00-20:00，每週二休館（公眾假期除外、農曆年初一及初二休館）。

★ 參考價格：詳細票價可關注官方微信公眾號「香港故宮文化博物館」查詢。

★ 地址：香港特別行政區油尖旺區九龍西九文化區博物館道8 號。

M+ 博物館

除了傳統的文化藝術，在香港你還可以欣賞最新的當代藝術潮流。位於西九文化區的 M+ 博物館，是世界最大的當代視覺文化博物館之一，專門收集、展示和詮釋 20 世紀到 21 世紀的視覺藝術、設計和建築、流動影像。

▲ M+ 博物館

博物館從建築外觀開始，就已經呈現出巨大的視覺衝擊力。面向維港的標誌性 LED 大屏幕，可以讓在西九海濱長廊及香港島的群眾也能欣賞到藝術家的流動影像作品。在大樓設計上更突破傳統，打通的地下樓層及地面，形成一個四通八達，又內外緊密相連的空間，讓參觀者可從不同視角欣賞展出的作品。

M+ 博物館

正如 M+ 博物館的副總監所說，M+ 不僅是一個看展覽的地方，更是一個開放的公共空間，更鼓勵參觀者用自己的方式去探索博物館。博物館三樓的天台花園、G 層及 B1 層都是免費開放的，你可以來到媒體中心，觀看流動的影像作品，也可以到天台花園，與藝術雕塑無拘無束地自由互動。

不被局限的藝術體驗，不被定義的生活形式，也許正是 M+ 博物館想傳達給每一位到訪者的訊息，也是香港藝術文化的魅力所在。

M+ 博物館

温馨提示

★ 開放時間：週二至週四及週末，10:00-18:00；週五，10:00-
22:00；逢週一休館，最後入場時間為閉館前 30 分鐘（農曆新年
初一及初二休館，其餘公眾假期維持開放，如公眾假期適逢週
一休館日將會關閉）。

★ 門票價格：除免費開放樓層外，訪客須預先購買標準門票或特
別展覽門票入場。6 歲及以下兒童毋須購票。M+ 會員和贊助
人享有獨家禮遇和門票折扣。

★ 地址：香港特別行政區西九文化區九龍博物館道 38 號。
（詳細訊息可關注官方微信公眾號「MPlus 博物館」查詢）

二、BOOK 思議，以閱讀鏈接世界

「生活的全部意義在於無窮地探索尚未知道的東西，在於不斷地增
加更多的知識。」法國作家左拉的這一句話，彷彿是對於閱讀的最佳概
括。當閱讀成為一種習慣，你會發現門外的世界正在不斷拓寬，生活不
再只有眼前，而是有了更廣闊的天地。在深港兩地，閱讀已經滲透進這
兩座城市的 DNA 中，散落在城市中的書店，讓原本冰冷的大都市瞬間
有了溫度，讓萬千忙碌的靈魂有了可棲息的精神家園。

深圳

深圳圖書館

位於深圳中軸線上，頂部是三維玻璃曲面，猶如「波浪」般在城市中綿延起伏的建築，它就是深圳中心的文化地標——深圳圖書館。圖書館由日本建築設計大師磯崎新設計，頂部每塊玻璃的面積都不同，加上立方體和格子體結合的巨型幕牆，當外部光線變化的時候，室內外的光影呈現出如影似幻的畫面，讓人沉醉不已。

深圳圖書館

深圳圖書館作為全國社會科學普及教育基地，館藏總量逾千萬冊（件），年均接待到館讀者約 450 萬人，可以說是世界最忙碌的圖書館之一。從週末早上 7 點的「書包排隊」，到任何時候去都座無虛席的盛況，不難感受到深圳人民對於閱讀的熱情。

館內共有 6 層，1 樓、2 樓都有提供自習空間。位於 1 樓館外東側的南書房為自助閱覽服務區，自習空間比較大；2 樓設有自助借還機，也設有自習空間。這兩處邊緣位置都有陽光的「熱情關注」，網絡上引發熱議的打傘學習風景就是出自這裏。想相對安靜一點，可以選 3 樓或 5 樓，還可以居高臨下拍攝圖書館，記錄下深圳「含卷量」極高的時刻。

▲深圳圖書館

溫馨提示

★開放時間：

（1）成人服務區，一樓至四樓，週二至週日 9:00–21:00 開放；
五樓和六樓，週二至週日 9:00–17:00 開放。

（2）捐贈換書中心，週二至週日 10:00–17:00。

（3）13 週歲以下的少年兒童讀者，請至圖書館一樓正門東側的
少兒服務區，週二至週五 12:00–18:00，週末及暑假期間 9:00–
20:00。

（4）南書房、講讀廳，週一至週日 7:00–23:00。

（5）節假日開放時間以公告為準。

★門票價格：免費免證入館。

★地址：深圳市福田區福中一路 2001 號。

（詳細訊息可關注官方微信公眾號「深圳圖書館」查詢）

燈塔圖書館

　　說到深圳的「網紅閱讀打卡地」，位於鹽田區海濱棧道旁的燈塔圖書館不可不提。它是矗立在蔚藍寧靜的沙頭角海邊的一座白色燈塔，館藏書籍有 9,500 多册（含電子書），獨特的閱讀體驗，讓這裏成爲鹽田區最值得探訪的文化地標之一。

▲燈塔圖書館（外景）

燈塔圖書館（內景）

「書籍是屹立在時間汪洋大海中的燈塔」，惠普爾的這句名言被印刻在燈塔入口的牆壁上。在這裏，你可以在落地窗前，吹着輕柔的海風，打開一本書，沉浸在文字中，如一葉扁舟航行於浩瀚無垠的海洋上。文字是人類文明的載體，而書籍則在黑暗無明中照亮我們前進的方向，然而你並不是孤獨前行，在無垠的文字海洋中，抬頭即可見「燈塔」的光亮與你同行。期望「燈塔」能引導人們去閱讀，通過閱讀，看見希望。

溫馨提示

★ 開放時間：12:00-19:00，週二閉館
★ 門票價格：免費（搜索官方微信公眾號「深圳市鹽田區圖書館」，選擇「燈塔圖書館」預約參觀）。
★ 地址：深圳市鹽田區海景二路海景公園觀海平台東側。

覓書店

每年 11 月舉辦的深圳讀書月，自誕生開始就逐漸讓良好的閱讀行爲融入到深圳人的日常中。讓人們在閒暇時可以找到一份精神寄託，比如去到圖書館，或者走進一家最美書店。

位於深圳寶安壹方城的覓書店，是友誼書城覓書店品牌系列在深圳的第 6 家分店。這家後現代風格的書店曾經多次被評爲全國最美書店。書店以一條「覓緣大道」長廊爲主體，一改傳統書店開放式的陳列，將各個功能區變成「枝幹」在大道兩旁不斷延伸。以線條構成獨特的透視感，在移動之間見或不見。讓讀者在開始閱讀前就充滿了探索慾。

在長廊的盡頭，開闊的圓環書架，讓人有一種豁然開朗的感覺。抬頭看看，就是書店象徵「覓夢想樹」的所在。「樹梢」上掛着的是接近三萬片深圳人書寫的夢想書籤，這可以說是「深圳是所有人的深圳」的又一見證。

書店名字：覓，讀「ｍｉ」，通「覓」，是尋找之意。但也有很多人會分拆唸作「不見書店」，其實亦頗有意思，「人之所以尋覓，是因爲有所不見」。

覓書店

★開放時間：週一至週四、週日 10:00–22:00，週五、週六
　10:00–22:30。

★地址：深圳市寶安區新湖路 99 號壹方城購物中心 3 樓。

★交通訊息：乘坐地鐵 1 號 / 5 號線，寶安中心站下車。

★其他：覓書店在深圳有多家分店，都各具特色。分店詳情可關
　注官方微信公眾號「覓書店」了解。

香港

誠品書店

　　起源於台灣的誠品書店，早已成爲文藝青年的心靈驛站。誠品書店在香港有多家分店，其中位於銅鑼灣希慎廣場的分店是全港最大、書種最齊全的一家，而其他分店，雖然規模不及第一家大，但是書的種類和獨特的書店氛圍也是不會讓你失望的。這裏給大家一個小貼士：位於星光行的分店離海港城比較近，如果剛好來參加香港書展的話，可從灣仔碼頭乘小輪到尖沙咀碼頭，去這家店就最近最方便。

　　位於希慎廣場的誠品書店是台灣以外的首間分店，繼承了「人文、藝術、創意、生活」的理念。它既是書店，也是咖啡廳，更是都市人下班休憩的地方。書店營業到晚上 10 點，飯後來這裏挑本書、買杯咖啡，再坐在梳化上慢慢品讀，已成爲香港人夜生活的一幕。

　　地處繁華都市中心，位於希慎廣場的誠品書店在裝修時特意保留了視野良好的地窗，希望大家在閱讀時，也可眺望維港風景，在繁華與寧靜之間尋找微妙的平衡。

誠品書店（希慎廣場店）

誠品書店（希慎廣場店）

誠品書店（希慎廣場店）

溫馨提示

★地址：香港特別行政區灣仔區軒尼詩道 500 號希
慎廣場 8-10 層。

▲ 三聯書店荃灣分店

▲ 三聯書店荃灣分店

▲ 三聯書店荃灣分店

香港三聯書店

說到香港必打卡書店，三聯書店肯定不能錯過。扎根香港 75 載的三聯書店，以「愛生活、讀好書、求新知」爲理念，一直致力推廣閱讀及優質文化生活。

2023 年 4 月，三聯書店在荃灣落地新分店，新店整體設計以融入社區獨特風景爲主題，開闊的落地玻璃上，可以突顯書店與社區的融合。讓大家在選擇心儀書籍的時候，還能欣賞被稱爲「天空之城」的荃灣的獨特風景。

新店繼續秉承三聯書店提供優質中英文綜合類圖書的原則，讓讀者可拓寬視野，更引入一系列生活精品及文創產品，在大家生活中加入一點小驚喜。而新店的運營更結合了線上線下兩種功能，可以直接在網上下單，提供的服務方便又貼心。

溫馨提示

★ 開放時間：週一至週日 11:00-21:00。

★ 地址：香港特別行政區新界荃灣楊屋道 1 號荃新天地 1 樓 119、121、123 及 125 號舖。

香港商務印書館

商務印書館在香港的門店眾多，是目前全港規模最大的連鎖書店。遍佈港九新界，各具主題特色的定位，讓每間分店都值得花點時間逛一逛。

商務印書館（尖沙咀圖書中心）

比如位於尖沙咀的分店，規模、空間相當大，但因書籍分類十分用心，所以即使在浩瀚的書海中尋書也不會覺得麻煩，反而樂在其中。有人說，到一個城市的書店，可以多看看書店裏的攝影集，通過這些光影印記，一探城市的變化與煙火氣。在商務印書館，就有不少關於香港舊時城區的攝影集或畫冊，記錄着舊招牌或騎樓的畫冊，是閱讀香港的另一面。

還有開在香港故宮文化博物館下的新晉打卡點「ART EXPRESS by 商務印書館」，坐擁着 180 度的維港美景，更以「皇帝的多寶格」爲設計理念，每個分區的主題都別出心裁，如「儲秀 Highlights」、「拾趣 Gems」等，務求讓來訪者能感受古人古玩的樂趣以及古意的浪漫。

▲ ART EXPRESS by 商務印書館

溫馨提示

（1）尖沙咀店

★開放時間：週一至週日 11:00-21:00。

★地址：香港特別行政區九龍尖沙咀彌敦道 83-97 號華源大廈地
　　下 25 號鋪及 1 樓全層（港鐵站 A1 或 C 出口）。

（2）ART EXPRESS by 商務印書館

★開放時間：週一、三、四及日 10:00-18:00，週五、六及公眾
　　假期 10:00-20:00，週二（公眾假期除外），農曆年初一及初二
　　休館。

★地址：香港特別行政區九龍西九文化區博物館道 8 號香港故宮
　　文化博物館地下。

三、這裏有藝思，文藝青年來 Chill 一下

　　遊走在深港兩地，總不缺乏「有藝思」的發現。被改造的工業園
區、藝術中心或舊建築，就像一個萬花筒，吸引着人們駐足觀看，也折
射出藝術想像的無限創意，甚至成為城市的另一種地標，走入其中，彷
彿走進城市的另一次元。

深圳

東門老街

　　東門老街這片土地可追溯到明代中期，彼時還是幾個村落之間建起的集市，被稱爲「深圳舊墟」，到清康熙年間，已是當時新安縣著名墟市之一。1979 年，「深圳」成爲市名，「深圳墟」則改成「東門老街」。此後，東門便一直是深圳人氣最旺的商業街區之一。

　　如今，東門老街迸發出新的活力，種類繁多、性價比高的購物與美食體驗吸引南來北往的客人，并且成爲「北上」香港人必打卡的寶藏街區。

　　逛一遍東門，從服裝飾品到美容體驗，從特色美食到深圳手信，所有的休閒玩樂需求都能實現。其中，風格多樣的時裝最有吸引力，1234space、駿馬時裝批發市場、茂業百貨、檸檬街等是時尚潮人的心頭好，隨便就能淘個大半天。美食則是東門出圈的又一大優勢，除了港人來深圳必打卡的三件套：鮑師傅、太二酸菜魚、阿嫲手作，這裏還有琳琅滿目的美食小吃，一地就能吃遍八方美食，讓你暢享深圳的煙

火氣。

　　此外，東門老街有很多充滿嶺南風情的建築，非常適合拍照打卡，尤其是到了晚上，在五彩霓虹燈的映照下，格外出片。

溫馨提示

★開放時間：全天，具體店鋪以實際營業時間爲準。
★地址：深圳市羅湖區東門老街。

海上世界文化藝術中心

　　深圳這座城市，擁有太多見證了奇跡的地方，蛇口海上世界就是其中之一。坐落於蛇口的海上世界文化藝術中心，是日本著名建築師槙文彥在中國的首次嘗試，獲《時代週刊》評爲 2018 年度全球百佳目的地。潔白的現代建築屹立在深圳灣畔，它串聯山海與城市，用自己獨特的氣質裝點着這座文藝之城，成爲粵港澳大灣區獨一無二的文化體驗場地。

▲海上世界文化藝術中心

　　中心包括視界廳（180 度全海景發佈廳）、境山劇場（全國最優質的室內樂演奏場所之一）、園景展館（深圳人的蛇口記憶）、濱海展館（國內罕見大體量展陳空間）、聯合國教科文組織展館（創意城市網絡交流中心）等展館，以山、海、城市三重視野，向世界展現深圳藝術文化的獨特魅力。

　　中心的整座建築與周邊的公園、海濱景色融爲一體，在其中自由漫步，或許你會發現在自然景色的映襯下，中心的藝術之美更顯靈動美妙。尤其是實用面積

海上世界文化藝術中心

將近 1,300 平方米的視界廳，通過超大視野的落地窗可將深圳灣和香港的美景盡收眼底。在這樣的美景襯托下，這裏舉辦的展覽和主題活動更讓人期待。

　　從建築設計到內部的展覽佈局，海上世界文化藝術中心都有着耐人尋味的魅力，推薦你找一個空閒的時間，來這裏好好逛逛，做一天藝術的「尋寶人」。

溫馨提示

★ 開放時間：

（1）場館：週一至週日 10:00–22:00。

（2）展廳：週一至週五 10:00–19:00，週六、日 10:00–21:00。

★ 門票價格：觀看展覽、演出需購票，購票入口關注官方微信公眾號「海上世界文化藝術中心」。

★ 地址：深圳市南山區望海路 1187 號。

南海意庫

舊工業時代的產物在深圳迎來華麗的轉型，華僑城創意園並不是唯一，還有位於蛇口的南海意庫。原本屬於三洋公司的 6 棟廠房在完成使命後被空置，但很快就迎來了改造；改造後，這裏變成了立體的生態建築群。被綠色包圍的藝術區，更多了一份貼近自然的舒適感。

沿着樹影婆娑，走在南海意庫的街區中，「時間就是金錢，效率就是生命」的標語出現在一隅的牆壁上，這句改革開放之初的口號，充滿時代感的同時也讓人思考。

隨着時代的發展，如今時間和效率早已不是我們追求的唯一目標，當逐漸把節奏慢下來時，我們發現人與自然的和諧相處才能成就更多的可能。就像被綠色包圍的南海意庫，成爲新時代人與環境一次全新的思考和嘗試。

溫馨提示

★ 開放時間：全天。

★ 門票價格：免費。

★ 地址：深圳市南山區興華路 6 號。

★ 其他：

（1）園區不大，可以順便打卡周邊景點，比如海上世界和藝術中心。

（2）園區位於蛇口，外國人比較多，所以這裏的國外餐廳很多，可以品嘗不同地區的風味美食。

（詳細訊息可關注官方微信公眾號「南海意庫」查詢）

香港

PMQ 元創方

警察宿舍竟變身爲文創打卡新地標？想體驗這種奇妙感，就不要錯過位於中環的 PMQ 元創方。這裏開滿本地品牌精品店，更是本地藝術

▲ PMQ 元創方

家的聚集地，是打卡香港本地匠人文化的絕佳場所。

　　元創方本身就是香港三級歷史建築，見證着很多往事。而經活化保育後，潔白的外牆配上湖水藍的窗框護欄，一種清新的復古感撲面而來。再加上藝術家的創意發想，在這裏隨便走走都能找到好玩的打卡位，像樓梯上色彩斑斕的創意塗鴉，走廊裏趣味滿分的佈置等等，都能

讓你有一種漫遊尋寶的樂趣。

　　這裏還進駐了上百家的設計工作室，風格多樣又充滿個性，從服裝、手工飾品到本地文創手信一應俱全，絕對能滿足你獨特的眼光。元創方還會不定時舉辦展覽，內容用心，又別具創意，相信無論來幾次，都能讓你驚喜。

溫馨提示

★ 開放時間：創意工作室及商舖 12:00-19:00，餐飲店舖：9:00-23:00。

★ 地址：香港特別行政區中環鴨巴甸街 35 號（近上環地鐵站）。

　（詳細訊息可關注官方微信公眾號「元創方 PMQ」查詢）

藝穗會

　　在繁忙的中環地區，有一座紅白磚牆的建築，與周邊的摩天大樓形成強烈的對比，它就是成立於 1983 年的藝穗會。曾經是牛奶公司倉庫，如今則變身為戲劇、舞蹈、音樂演出和展覽的場地。

　　這座香港一級歷史建築，靜靜矗立在街中一角，一邊是馬路，一邊

藝穗會

▲藝穗會

是斜坡，獨特的地理位置及外形，讓人很難錯過。除了富有英國氣息的外形很容易打卡，這裏還改造成香港唯一的爵士樂和「卡巴萊」式劇場，當夜幕低垂的時候，來這裏小酌一杯，慢慢欣賞小眾音樂表演，這不就是 Chill 的最好寫照嗎？

而且這裏還是不少經典香港電影的取景地，像張國榮和袁詠儀主演的《金枝玉葉》就曾經在此取景，港產片影迷記得要來打卡呀！

溫馨提示

★地址：香港特別行政區香港島中環下亞厘畢道 2 號。

★其他：藝穗會展覽、演出豐富，詳細訊息可掃描右側二維碼登錄官方網站查詢。

香港大館

行走在中環，你可能會隨時遇見有上百年歷史的古蹟。比如紅磚建築群「大館」，主要由三個法定古蹟構成，前中區警署、中央裁判司署及域多利監獄，以及賽馬會藝方和賽馬會立方等新建築。香港大館是香

香港大館

▲ 香港大館

港最大的非營利文化活化計劃之一，經過活化後，大館成為當地必打卡的大型藝術地標。

　　大館整體建築都非常適合「打卡」，除了紅磚外牆極富文藝氣息，還可以欣賞多位藝術家的作品，像勞倫斯・韋納、加藤泉、陳餘生等。館內展廳還運用多種現代科技手段，讓你行走其中，就像穿越時光隧道，感受一百多年前曾經發生的故事。這裏不僅能感受百年建築的歷史氣息，還能通過舉辦的各種藝術展覽，感受香港藝術潮流的脈搏。這種融合

▲ 香港大館餐廳一角

歷史與藝術的奇妙感，是香港大館讓人難忘的魅力。

　　香港大館內還有各種美食餐廳、咖啡館、特色小店，既可品嘗美味，又能隨心所欲購買自己心儀的物品，這樣愉快的逛吃之旅，你還不快來試試嗎？

溫馨提示

★ 開放時間：

　（1）大館：8:00-23:00。

　（2）訪客中心：10:00-20:00。

　（3）賽馬會藝方：11:00-19:00（週二至週日）。

★ 地址：香港特別行政區中環荷李活道 10 號。

★ 其他：如需了解大館內展覽詳細訊息，可掃描
　右側二維碼登錄官方網站查詢。

第五章

跟着味蕾去旅行

美食，是一座城市鮮活的靈魂，蘊含着這座城市的人文氣息與煙火味道。透過美食文化，還能品味出城市的文化肌理與風貌變遷。深圳與香港聚集着來自五湖四海、世界各地的人們，不同地域的美食文化在這裏碰撞、交融，綻放出全新的魅力。

黑珍珠餐廳、米芝蓮餐廳展現着對世界美食極致境界的追求，創新派料理——解鎖深港雙城源源不斷的創意，經過時光淬煉的老字號成為一代代食客的心之歸屬。跟着味蕾去旅行，暢遊兩地，深圳與香港獨一份的「滋味」，立馬上桌！

一、頂級臻味，暢享雙城匠心至美

每一位「骨灰級」老饕，都能在深圳與香港，暢快享受舌尖至味之旅。探尋黑珍珠餐廳，「摘星」米芝蓮餐廳，在每一道集聚中國傳統飲食美學與世界風味的頂級臻味中，細品星廚用匠心書寫的深港美食故事。

深圳

嘉苑飯店

「大隱隱於市」，用這樣一句話來形容位於深圳福田 CBD 的嘉苑飯店是最好不過了。推開低調典雅的大門，彷彿瞬間穿越到英倫維多利亞時期的高級餐廳。高聳門廊、古典雕花，牆上掛着的中世紀油畫，讓氛圍更添優雅。店舖的裝潢雖以西式為主，在菜式上卻更多是本真的潮州菜，這是只有在將「中餐西做」奉行到了極致的嘉苑飯店，才能創造出的絕妙融合。

嘉苑飯店是深圳極為稀有的連續四年都獲得黑珍珠二鑽的中餐 Fine

Dining。潮州菜新舊流派的美妙結合，世界食材與傳統技法的創新表達，都在嘉苑的菜餚上達到了完美的平衡：36 個月澄海老鵝掌拼粉肝、日式凍魚飯、煙熏鵝肝、生

▲ 嘉苑飯店

▲ 36 個月澄海老鵝掌拼粉肝

醃大閘蟹、鴿吞翅，每一樣都不離潮汕味，又融入了世界料理的創意。

　　解鎖每道菜的密匙，是品酒師精心挑選的美酒：法國五大名莊葡萄酒、蘇格蘭威士忌、日本清酒，帶領着味蕾的感知無限延伸，觸發一場感官世界的藝術之旅。

溫馨提示

★ 地址：深圳市福田區中心四路嘉里建設廣場一座首層。

Ensue

　　說起深圳西餐廳的天花板，當屬位於香格里拉大酒店頂樓，與深圳地標平安大廈對望的 Ensue。它以極致的料理和深圳 CBD 的無敵

黃酒醉蝦

▲餐後甜品

夜景，打造出頂級奢華用餐體驗。Ensue 的主廚來自美國米芝蓮三星餐廳，他和團隊匠心打造的菜餚，讓餐廳在 2023 年繼續上榜黑珍珠二鑽，並再度入選亞洲 50 佳餐廳。開店以來堅持「從農場到餐桌」的飲食理念，用可口新鮮的食材烹飪出具有在地風味的特色菜餚。

在 Ensue，食客不僅能品嘗到驚艷的米芝蓮菜餚，還能參加風格各異的主題晚宴：聯手港粵名廚的中西晚宴；與威士忌品牌、葡萄酒莊合作的美酒品鑑會等，每次都能帶來新鮮驚艷的味覺體驗。在品嘗美味之餘，還可以到二樓的精緻酒吧——Alcove 小酌一番，坐擁 CBD 璀璨夜景，體驗極致浪漫。

溫馨提示

★地址：深圳市福田區益田路 4088 號（福田香格里拉大酒店 40 樓）。

鮨一日本料理

說起令「骨灰級」日料食客都想推薦的深圳高端日料店，2023 年蟬聯黑珍珠一鑽的鮨一日本料理必定榜上有名。店內食材均是最新鮮的應季美味，讓人每一次到店都能邂逅「一期一會」的心動。在鮨一可以體驗到日式料理的最高境界——Omakase，即吃甚麼、怎麼吃，一切交由廚師做主，每道菜，都是食客與廚師之間的一場「對話」。

▲ 海膽蓋飯

▲ 鹽烤黑喉魚

　　店內招牌時令海鮮刺身口感新鮮，令人回味無窮。牡丹蝦、藍鰭吞拿魚等壽司，則能夠讓人品味出料理師傅對食材的獨特見解與運用。師傅還會細緻地講解每一道菜的食材來源和食用方法。比如，松葉蟹搭配自家秘製的蟹醋，能更加突出蟹肉的鮮美。

　　在鮨一日本料理，頂級食材與精緻擺盤，從味覺到視覺，都是一場極致華美的體驗，能讓旅途回味無窮。

▲ 海膽刺身

溫馨提示

★地址：深圳市福田區深南路大中華國際金融中心 C 座 1 樓（近希爾頓酒店）。

香港

8½ Otto'e Mezzo BOMBANA

　　不去意大利也想品嘗到正宗的意式料理？在香港這座匯聚世界風味的國際都市裏，8½ Otto'e Mezzo BOMBANA 能夠爲你提供美妙的尋味之旅。

　　它是意大利本土以外首家獲得米芝蓮三星的意大利餐廳，香港店更是由主廚「白松露之王」——Chef Umberto Bombana 親自坐鎮。餐廳主打「大道至簡」，不管是招牌的松露料理，還是獨具特色的傳統意北菜，不炫技，不迎合，穩紮穩打，展現最本真的意大利風味。現場刨製的松露，層層疊加起馥郁的香氣，搭配口感彈韌的自製意大利細麵，一口入魂。

▲ 黑松露意麵

▲ 鮑魚配魚子醬

　　在主食以外，意式冰淇淋是不可錯過的甜品，三種意大利美酒與冰淇淋球的融合，碰撞出獨一無二的口感與風味。主廚匠心鑽研，光黑醋和橄欖油就呈上十幾種選擇，盡顯意式搭配美學，意大利料理愛好者不容錯過。

▲ 羔羊肉配時令蔬菜

▲ 意式榛子千層 & 冰淇淋

溫馨提示

★地址：香港特別行政區中環遮打道 18 號歷山大廈 2 樓 202 號舖。

唐閣

香港中餐界的傳奇食府——唐閣，到 2023 年已經是連續第八年榮獲米芝蓮三星食府的美譽。香港的米芝蓮摘星之旅，如果不吃一次唐閣，那必是不完整的。

唐閣店如其名，處處都透着精緻——以金色爲主色調的裝潢、用李白等五位唐代詩人命名的私人宴會廳……坐在唐閣之中，彷彿置身於輝煌燦爛的大唐盛世。

唐閣出品的粵式珍饈，將中國傳統的食材與代表性的鑊氣以最高端的姿態示人。釀焗鮮蟹蓋和三葱爆龍蝦是能夠折服老饕食客的招牌菜。雖然都是以「葱」去激發海鮮的鮮甜與爽嫩，但搭配與做法各有妙處，讓人一試難忘。看似尋常的 XO 醬煎腸粉、炒時蔬、古法叉燒等菜餚，都藏有唐閣獨特的匠心。在唐閣，不僅味蕾會被妥貼照顧，就餐時的細節：燈光、氣味、餐廳服務，全都恰到好處，讓人身心爽適。在這樣的極致中式浪漫面前，吃飯也成了一種藝術享受。

溫馨提示

★地址：香港特別行政區油尖旺區尖沙咀北京道 8 號香港朗庭酒店 1-2 樓。

二、吃點不一樣，舌尖上的靈感創新

深圳與香港的「雙向奔赴」，除了地緣與人緣上的天然親近，還在於兩座城市共有的特性。作爲大灣區最具活力的區域，深港雙城就連美食也創新不斷，從菜餚、食材，到烹飪、擺盤，甚至是就餐環境，都展現着深港人源源不斷的靈感創意。

深圳

萊佛士酒店・雲璟 YUN JING

　　蟬聯三年黑珍珠一鑽的雲璟，不僅能帶來雲端的風景，也能帶來雲端級別的用餐體驗。置身於深圳鵬瑞萊佛士酒店 70 層的高空，欣賞着雲璟展現的風景：270 度環繞的落地窗之外，是深圳灣壯闊的山海城景和若隱若現的香港麗影；向內，則是大氣華美又兼具清雅的新中式內裝。在雲璟用餐，日夜風景各有韵味，每當夜幕降臨，服務員還會關上幾盞燈，為食客呈現絕美夜景，儀式感和氛圍拉滿。

　　雲璟的「高度」還體現在充滿想像力的至臻粵菜上。來自世界各地的優質食材，經由「食材獵人」——主廚郭遠峰的創意魔法調製後，變成一道道既抓住粵菜精髓，又跳出傳統框架的美饌。

　　廣式燒鴨選用的是來自昆明的小乳鴨，與魚子醬創意混搭後，帶來全新的驚艷口感。低溫慢煮的元貝，軟糯溏心外是被鐵板炙烤的焦脆表

萊佛士酒店・雲璟 YUN JING

▲西班牙黑豚叉燒

▲花雕雞油蒸松葉蟹

面，而蒜蓉辣椒作為點睛之筆，瞬間顛覆你對粵式名菜——蒜蓉粉絲蒸元貝的固有印象。雲璟的創意菜式各具特點，絕對是愛嘗鮮的食客們的不二之選。

溫馨提示

★地址：深圳市南山區中心路 3008 號深圳灣 1 號 T7 鵬瑞萊佛士酒店 70 樓（毗鄰人才公園、阿里中心）。

鄰舍・有機餐廳 VOISIN ORGANIQUE

如果身在都市依舊心繫田園，想要品嘗更多的大地滋味，推薦你前往 VOISIN ORGANIQUE（以下簡稱 V.O.），它能讓人的靈魂和味蕾徹底沉浸在大地懷抱。作為 2023 年黑珍珠一鑽餐廳，V.O. 在裝潢上就展現出它的獨一無二：工業風的幾何切面，紅磚赭、水泥灰的主色調，還有可以感受南頭古城人間煙火、遙望古城日落的絕美天台。在 V.O. 吃飯，雖身處都市中心，餐盤中卻是本真的自然之味，這種反差讓人印象深刻。

時令蔬果薈萃

V.O. 奉行「從農場到餐桌」的有機理念，食材基本來自餐廳自營的特色有機農場，講究自然有機與本地化。菜單隨應季食材而變化，比如夏季時會加入水果與花的元素，清新治癒，如同大自然一樣，在不同時節帶來不同驚喜。

除了在食材上下功夫，V.O. 的菜餚中，還會出現讓人眼前一亮的創意，推薦嘗嘗用天婦羅的做法製作出的荔枝料理，還有加入魚子醬的核桃冰淇淋，會收穫出人意料的驚艷口感與風味。

溫馨提示

★地址：深圳市南山區南頭古城中山東街有熊酒店 8 樓。

新榮記

從最初街邊的海鮮大牌檔，到如今的米芝蓮、黑珍珠餐廳，達成如此成就的新榮記，憑藉的是「食必求真，然後至美」的極致家常美食理念。新榮記以台州食材爲基礎，執着於讓每道菜都達到「家常」的極致水平，帶來足夠的親切感，讓人吃得舒服暢快。

家燒黃魚、沙蒜豆麵、白水洋豆腐⋯⋯這些台州人餐桌上的家常菜式，凝聚了新榮記 20 多年來的匠心鑽研以及專屬創意，是食客們必點的招牌名菜。

紅薯粉製成的豆麵其貌不揚，但與沙蒜（海葵）炖煮，濃稠入味，成了一道讓人一試

▲沙蒜豆麵

難忘的美味佳餚。而一條野生東海黃魚，用新榮記標誌性的「家燒」法烹煮，才能燒出細膩滑嫩、入口化膏的口感。吃一次新榮記，你將會擁有一次全新的浙菜體驗。

溫馨提示

★地址：深圳市福田區益田路平安金融中心 8 樓。

香港

TATE Dining Room

在香港一眾米芝蓮餐廳中，想要品味獨屬於女性的優雅與浪漫，一定要去打卡 TATE Dining Room。這座全港最有少女心的米芝蓮餐廳，在 2023 年繼續上榜二星。從事過設計行業的女主廚將個人美學運用到餐廳的裝潢和料理上，不僅帶來如同仙境般浪漫的餐廳環境，還創造出極具藝術感的創新法派料理，完美地實現每個人的少女夢想，也讓 TATE Dining Room 成爲很多食客心中慶祝紀念日的首選餐廳！

▲時令主題菜

十週年紀念賞味菜單「過去與現在」非常值得一試，可以品嘗到餐廳開業以來深受食客們歡迎的經典菜餚。「螃蟹頌」、「金橘頌」、「鴿子頌」等菜式完美融合了中餐、法餐的口味與烹飪技法融合在一起，加上女主廚的巧思，滋味更是讓人欲罷不能。

▲ 特色精緻甜點

坐在金粉色調的餐廳中，精緻料理陸續上桌，搭配着女主廚從世界各地搜羅回來的美麗餐盤，充滿了夢幻感，且布餐風格溫柔而細膩，讓人有被珍重對待的感覺。甜品更是不可不嘗，甜蜜的味道加之童話般的造型，不僅僅是味蕾上的享受，更是一種文化的傳遞和情感的表達，與它們相伴的每一秒都會讓人心動。

溫馨提示

★ 地址：香港特別行政區上環荷李活道 210 地下及 1 樓。

廚魔

走進這家 2023 年米芝蓮二星餐廳，如同走進一間魔法秀場，色彩繽紛的「舞台」正在上演精彩絕倫的「食物易容魔法」——分子料理，搭配顯眼的紅唇黃香蕉雕塑、充滿藝術感的花俏餐盤，在這樣的氛圍中吃飯，心情也變得五彩斑斕起來。

店內必嘗的是最能體現廚魔創新味的中式分子料理——分子小籠包。蛋黃一般的造型，外皮是海藻做的膠質層，內餡則用薑葱豬肉湯汁代替純肉，創意滿分。

新一季品鑑菜單的靈感來自世界知名的藝術作品，比如「安迪的罐頭湯」就是受波普大師安迪·華荷的《金寶湯罐頭》啟發而創作的。此外，還能品嘗到靈感源自《維納斯的誕生》《吶喊》等世界名畫的創意料理。爲了提升沉浸感，連餐盤也是配合名畫而特別訂製的。想要體驗潮人們熱愛的先鋒派餐廳，就來廚魔吧！

▲廚魔

▲廚魔

▲廚魔特色菜一覽

溫馨提示

★地址：香港特別行
政區中環砵典乍
街45號 H CODE
一樓。

三、「地膽」推薦，老字號裏細品時光味

在深圳與香港，陪伴本地人的地道老味，見證着雙城日新月異的變化與流動的人間煙火。「吃過返尋味」的早茶餐廳、糖水舖、雲吞麵店，這些「地膽」們的心水店舖，裝着的是深港人對生活的熱愛。

深圳

鳳凰樓

能讓快節奏的深圳人慢下來的活動，「歎早茶」必在其中。從1989 年開始，鳳凰樓已經陪伴深圳人渡過了 35 年的時光，至今依舊占據着大家心中的「頭等席」。它是老人們享受「一盅兩件」的專屬茶樓；在年輕人分享的網紅餐廳打卡清單中，它也是來深圳必打卡的早茶餐廳。只有吃過鳳凰樓，才算是體驗過深圳的早茶文化。

包了整隻彈牙鮮蝦的水晶鮮露蒸蝦餃，酥脆濃郁的金枕飄香榴槤酥，輕輕一咬就能爆漿的金湯流汁包，還有傳統石磨製作的布拉腸粉⋯⋯除了早茶天團中的經典明星，在鳳凰樓，還能吃到生煎小棠菜鍋貼這類創新美食。

早茶點心

▲ 蝦餃

常年人氣爆滿，足見鳳凰樓的好味道已經得到了對吃格外挑剔的「老廣」們的認可。

温馨提示

★地址：深圳市福田區紅荔路 2012 號。

普語堂 · 臻品客家菜

已有 16 年經營歷史，藏於華僑城創意文化園的普語堂，是無數深漂客家人的味蕾歸宿。它一直堅守着老家樸實的味道，從家鄉運過來的食材帶着記憶之味撲向人們的舌尖。

進店必點的精磨黑豆腐，需用農家黑豆和黑芝麻純手工現磨現做現炸，整道工序下來，至少要 26 小時才能上桌；經典硬菜三杯鴨，選用 240 天客家走地鴨，它的精髓在於注入三種古樸醬料———杯酒、一杯豉油、一杯山泉水，再接受 10 道以上工序的淬煉，才能口感鮮嫩、鹹鮮入味。道道都是地道的客家美味，價格還十分親民，是在深圳吃客家菜的必選之地。

温馨提示

★地址：深圳市南山區恩平街華僑城創意文化園 F3。

客家精磨黑豆腐

▲ 招牌客家三杯鴨

粵海薈

今年蟬聯黑珍珠一鑽的粵海薈，在美食界「內卷」嚴重的深圳能夠脫穎而出，憑藉的是高端精細的潮汕美食與高標準的配套服務。據說粵海薈一開始只是一家私人會所，沒想到因菜成名，成爲了富豪食堂。經營者秉持着「食材不好拒絕下單」的採購理念，「逼得」供貨商們長期維持高標準供貨，菜餚一直保持着高標準的出品要求。

粵海薈

海味之首——鷄油響螺扒大味至簡，脆皮烏石參膠原蛋白豐富、口感軟糯又不失嚼頭。潮汕傳統美食生醃大閘蟹，保留了蟹肉的鮮美和口感，是一道不容錯過的美食。更有皮脆肉彈的香煎蝦醬骨，多汁回甘的苦瓜腩肉煲，再搭配一碗香滑綿綢的白粥，簡直是人間至味，讓人無法抵御。

溫馨提示

★地址：深圳市南山區白石三道深圳灣睿印 4 樓 411–3 號。

★其他：因爲餐廳是按照當天的新鮮食材出菜，想要吃到喜歡的菜餚最好提前預訂。

▲ 清炖鴿吞翅

▲ 脫骨老鵝掌

香港

麥文記麵家

　　在保有最傳統港式風貌的香港油尖旺，如果僅僅因爲樸實的店面，就以爲麥文記麵家是香港隨處可見的麵館而錯過的話，那就太可惜了。它可是一家有着 60 年歷史，僅靠一碗雲吞麵就在香港美食界爭得一席之地的老字號，並且連續六年榮登米芝蓮必比登榜，全球只此一家。

　　用心做好一碗雲吞麵，是麥文記的追求，也是麥文記的驕傲。多年來麥文記麵家始終採用自家特製鹼水製作新鮮全蛋麵，並根據溫度和濕度和麵，讓新麵內的鹼水揮發達到最理想的程度，麵和鹼水充分融合，麵的口感、風味達到最佳。

營　業　時　間

中午十二時
至
深夜十二時三十分

▲ 麥文記麵家

▲ 雲吞麵

▲ 牛腩麵

　　一碗雲吞麵，薄如紙的半透明雲吞皮，裹着緊實又彈牙的大蝦，與全蛋麵一起在美味的大地魚湯中游動。按照傳統吃法，享受雲吞麵的過程是頗有講究的。首先，品湯是關鍵，一口湯底能夠爲整個味蕾體驗定下基調。接着，品嘗雲吞，每顆雲吞大而飽滿，皮薄餡嫩，味道鮮美。最後，再吃一筷子麵條，筋道而有彈性。整個過程口感層次豐富、美味無比。另外，大紅浙醋是搭配全蛋麵的最佳拍檔，鮮味頓時疊加到最高點，給人帶來味蕾的極致享受。

溫馨提示

★ 地址：香港特別行政區油尖旺區佐敦白加士街 51 號地下。

★ 其他：麥文記麵家中午 12 點才開門，建議安排好到達的時間。

添好運

　　想要在香港品嘗美味又實惠的港式點心，首選必是添好運。老闆培哥曾經擔任米芝蓮星級餐廳龍景軒點心部的主管，自立門戶後，即點即蒸、平靚正（物超所值）的點心俘獲了八方食客的心。添好運在香港有多家分店，深水埗店入榜 2023 年米芝蓮必比登推薦。店內有超過 20 種不同的點心可供選擇，菜餚每月都會新增或輪換，讓食客每次到店都能收穫新鮮感。

▲ 添好運

添好運的點心中，必點的是酥皮焗叉燒包，外酥內軟，叉燒餡軟嫩多汁，甜鹹度剛好，還能品到淡淡酒香。陳皮牛肉球也是每桌必點的頭牌，手錘牛肉丸肉

溫馨提示

★ 地址：香港特別行政區中環香港站 12A 舖 IFC 地庫一層。

▲ 酥皮焗叉燒包

▲ 陳皮牛肉球

質軟嫩，陳皮的香氣袪除牛肉的腥味，吃前淋上醬汁，不管是口感、味道還是香氣，都極富層次，是很多食客的「心水」（偏愛）選擇。想要一站打卡香港「歎早茶」的精華，來這就足夠了！

佳佳甜品

在港劇中經常「出鏡」的港式快樂水——糖水，在香港人生活中的重要地位不言而喻。而要說起數十年來，用甜蜜治癒香港街坊的老字號糖水舖，佳佳甜品必定名列前茅。它在 2023 年入榜米芝蓮必比登推薦，是周潤發等明星大咖也來打卡的高性價比寶藏店。如果你喜歡吃黑芝麻糊，那一定要來體驗一下佳佳甜品的

▲黑芝麻糊

黑芝麻糊。它是正宗的港式黑芝麻糊，使用了優質的黑芝麻，經過精心烹飪，口感細膩，營養豐富，非常受歡迎。

想要體驗地道的「香港人的一天」，就來佳佳甜品吃上一碗香甜滋養的甜品吧！

溫馨提示

★地址：香港特別行政區油尖旺區佐敦寧波街 29 號。

第六章

超好逛地圖

　　打開深圳與香港這兩座購物天堂的地圖，你的目標指向哪裏？是集結世界的名品「尖貨」，能體驗多元購物藝術的大型購物中心？還是藏在大街小巷裏，各具特色的先鋒潮店，還是凝聚着市井煙火的本地老舖？

　　如果難以選擇的話，就來看下本章推薦的打卡地，開啟你的購物雷達，奔向那些讓你心動的寶藏店舖吧！

一、 一站式購物

　　説到深港購物必打卡點，如同百寶盒一樣的購物中心，是無數購物狂人的心頭好。在購物中心裏，來自世界各地的高奢名品、潮流「尖貨」任君挑選，還搭配有精緻的美食與時尚的藝術活動，好逛又好玩，成爲了深港青年解壓放鬆的好去處。

深圳

萬象天地

　　毗鄰「中國硅谷」深圳高新科技園的萬象天地，不僅擁有深圳最大的優衣庫旗艦店和華爲全球旗艦店，還有用一雙籃球鞋就能勾動無數潮人心弦的 AJ 旗艦店。也許受到高新園的「更新速度」影響，這裏 UR、小 CK 等「快消潮品」的更新十分迅速，並且經常會有優惠打折活動，可以

▲ 萬象天地

説是「掃貨天堂」。快閃活動更不要錯過，從高端奢侈品到現象級潮店，其呈現的靈感創意讓人驚艷。

在標誌性的藝術裝置「抱抱象」下，是喜愛潮玩以及新鋭品牌玩家的實驗 SHOW 場。TOP TOY、ALTER 等品牌匯聚一堂，不管何時來都有不同的趣味。這裏還有 Beast 野獸派、觀夏瓷坊、MR.WALDEN COFFEE 等網紅店，可邂逅不同的文化美學。文藝愛好者還可以去萬象天地裏的萬象劇場、藝術計劃·場等觀劇看展。到了晚上，萬象天地裏流光溢彩的燈光夜景是打卡勝地，有時還會有主題燈光展，可以玩上一整天。

▲深圳萬象天地（南山）

溫馨提示

★營業時間

週日至週四：除里巷 10:00–24:00；里巷 10:00–24:00；

週五、週六：除里巷 10:00–24:00；里巷 10:00–24:00。

★地址：深圳市南山區深南大道 9668 號（地鐵 1 號線高新園站 A 出口）。

★其他：商場導覽、最新商業資訊和藝文活動等更詳細訊息，可關注官方微信公眾號「深圳萬象天地」查詢。

深業上城

　　想要逛街買買買，又想和好朋友拍照打卡？擁有超人氣彩色網紅牆的深業上城是絕佳選擇。在三樓的 Loft 小鎮上，極簡的幾何設計，大色塊的多巴胺純色牆體，是最時尚 INS 風拍照背景，也擊中了當代年輕人的審美點，讓 Loft 小鎮成為深圳年輕人相約街拍的寶藏地。

　　這個有着多元體驗的購物休閒空間，正是深圳「設計之都」高水平的體現。這裏不僅在色彩上令人驚艷，而且善用陽光和燈影，營造出各具特色的光影之美，讓晚上的深業

▲ 深業上城

▲ 深業上城

▲ 深業上城

上城與白天風格迥異，一「城」雙味，超值！

在年輕人中擁有極高人氣的深業上城，吸引了全球首家無印良品三合一旗艦店入駐。聯合書店旗下的首家國際藝術人文專業書店——聯合書店·本來藝文館也在這裏，爲深業上城增添了更多的藝術氣息。

深業上城不僅能夠打卡眾多奢侈品牌、潮牌店，還能經常邂逅品牌快閃店。深圳有名的咖啡店——山池也在深業上城開了分店。遊客們可以在這喝一杯咖啡，和朋友聊聊天，渡過悠閒的假日時光。深業上城還連通蓮花山公園和筆架山公園，在購物之餘，還能享受深圳治癒系的自然生態風景。

温馨提示

★地址：深圳市福田區華富街道蓮花一村社區皇崗路 5001 號。

歡樂港灣

要說深圳能帶來最浪漫購物體驗的地方，那必然是能夠一次性打卡大海、摩天輪與摩登夜景的歡樂港灣。這裏有一「出世」就風光無兩的「灣區之光」摩天輪，高達 128 米，由「倫敦眼」設計團隊精心打造。此外，濱海棧道、深圳濱海藝術中心也是人氣爆棚的打卡勝地。

歡樂港灣因摩天輪而廣爲人知，但好玩的卻並不只有摩天輪。這個商業綜合體裏還有不少好逛的地方——寶媽寶爸可以帶娃到網紅書店鐘書閣裏體驗「書海」風情；文藝愛好者則可以到香氛館和露營咖啡廳裏，靜享一段悠閒時光。

歡樂港灣內餐廳品類眾多，裝潢和出品都很不錯，在海景和摩天輪的景色加持下，讓它們成爲熱門的就餐選擇。兒童樂園和海濱滑板營則是萌娃和青少年們的玩樂天地。夜晚的歡樂港灣，因爲綿延海濱的華彩燈光、主題水秀和音樂噴泉，成了深圳標誌性的夜景勝地。

歡樂港灣

歡樂港灣

歡樂港灣

溫馨提示

★東西岸商業營業時間：

　　週一至週四：10:00–22:00；週五、週末及節假日：10:00–22:30。

★地址：深圳市寶安區新安街道寶華路以南歡樂港灣。

　　（園區各個項目時間表，最新商業資訊和藝文活動訊息，可關注官方微信公眾號「深圳歡樂港灣」查詢）

香港

海港城

　　海港城這座旗艦級的購物勝地，至今已在維多利亞海港旁聳立五十多年，它與香港一同成長，現在更是香港最大型的購物中心之一。不去海港城購物，不算體驗過香港「購物天堂」的盛名。超過 450 家商舖分佈在四個建築群中，雲集世界大牌名店、米芝蓮美食餐廳、美術館以及書店等，高奢、潮牌、快消應有盡有，逛幾天都逛不完。想一站式買齊心頭好，必選海港城。

　　絕美海景也是海港城高人氣的秘密。它不僅坐擁能夠到欣賞世界聞名的維多利亞港夜景的最佳位置，距離可遊覽維港風景的天星小輪也非常近，以觀景台爲首，海港城還有很多可以拍到維港的寶藏機位，可輕鬆解鎖雜誌大片。就連海港城内的誠品書店，也因爲有了海景的加持，而聚集了更多人氣。海港城還經常推出豐富多彩的藝文活動，非常適合文藝愛好者和親子體驗。

海港城

海港城

海港城

溫馨提示

★營業時間：週一至週日：10:00-22:00。

★地址：香港特別行政區九龍尖沙咀廣東道 3-27 號。

★最新商業資訊和藝文活動訊息，可關注官方微信公眾號「海港城訂閱號」查詢。

K11 MUSEA

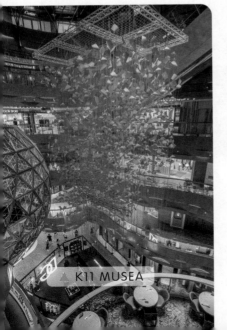

K11 MUSEA

K11 MUSEA

以「海邊的靈感繆斯」爲構思，有着「香港藝術商場天花板」之稱的 K11 MUSEA 帶來了一場嶄新的文化藝術購物體驗。它不僅是高級的購物中心，還是體驗與社交的藝術空間。商場內陳列的藝術品皆來自全球頂尖藝術家，並且不定期更新替換。在 K11 MUSEA，與其說是購物，不如說是在進行一場「震撼人心」的藝術體驗。

除了購物中心不會缺席的國際大牌，K11 MUSEA 的濃厚藝術氛圍更是吸引了 MoMA Design Store、LE LABO 等衆多潮流品牌的加入。不少潮牌店都集中開在「時髦精」們必打卡的 MUSE EDITION 裏。MUSE EDITION 向遺產致敬，其設計靈感來自 1910 年被稱爲 Holt's Wharf（霍爾特碼頭）的原址。受 Victoria Dockside（維多利亞碼頭）歷史的啓發，MUSE EDITION 至今保留着洲際酒店在 80 年代所建造的窩夫格紋天花板，燈塔造型的口吹玻璃燈具，以及水泥和貝殼混合物鋪就的地板，皆爲對過去港口文化的致敬。

衆多藝術文化及創意在這座「香港文化矽谷」中碰撞交融，商場內外都是「打卡」地。K11 MUSEA 還有

不少可以拍到不同的海景大片的機位，推薦去六樓的空中花園，那裏視野非常開闊，能俯瞰維港的絕美風景！星光大道也在附近，可以一併打卡。

K11 MUSEA

★營業時間：週一至週日 10:00-22:00。
★地址：香港特別行政區尖沙咀梳士巴利道 18 號。
★最新商業資訊和藝文活動訊息，可關注官方微信公眾號「K11 MUSEA」查詢。

溫馨提示

二、沉浸式淘貨

除了大型購物中心，還想要享受自己淘貨的樂趣？深圳和香港還有很多如同《愛麗絲夢遊仙境》一樣的寶藏地，潮牌店、古着店、周邊店聚集其中，復古與摩登兼備。在這裏，你能體驗到的不只是淘貨，還能走進店主們打造的個性世界，尋找與自己同頻的生活理念。

深圳

南頭古城

如果你渴望尋找充滿驚喜和獨特發現的淘貨體驗，那麼請不要錯過南頭古城。這裏不僅是旅遊購物的天堂，還擁有悠久的歷史文化。古樸敦厚的城門，綠樹繁花間的白牆黛瓦，與現代樓房、設計感十足的特色店舖融合在一起，有一種如夢似幻的時空穿越感。正是這片融合與穿越的土地，才能誕生出五花八門的寶藏小店和文藝空間。體驗民藝文創的手作店舖、展現主理人生活理念的買手店、帶來味蕾享受的特色餐廳、暢享早 C 晚 A 的臨街酒館……這裏的奇思妙想永遠上新中，趣味十足。

南頭古城裏有不少好淘又好拍的雜貨器物店、黑膠唱片店，在這裏淘貨唯一需要擔心的，就是能不能按住蠢蠢欲動的錢包。黑科技產品買手店 Z·Pilot 值得一淘，一樓是各種科技家居生活好物，二樓則是新中式茶館，未來與傳統互相碰撞，與古城古今融合的氣質非常相稱，想要淘些有意思的科技小物，來這準沒錯。

除了好逛的文創產品、藝術展覽和主題市集，還可以參觀一下東莞會館、同源館和 1820 數字展廳，探尋悠久的古城歷史與鮮活的市井文化。

溫馨提示

★營業時間：古城全天開放，具體店舖以實際營業時間為準。

★地址：深圳市南山區南山大道與深南大道交叉口。

★最新資訊和預約觀展，可關注官方微信公眾號「南頭古城」查詢。

華強北

在創新之城深圳，想要領略最尖端的購物體驗，必去的是有着「電子王國」之稱的華強北。作為深圳傳奇的象徵，這裏誕生了一個又

一個的電子科技神話，至今依舊是電子迷們的「朝聖地」。為適應新變化，華強北靈活遊走於瞬息萬變的商業叢林中，現在已經成為一個以科技、時尚和文化為主題的時尚街區，延續着「中國電子第一街」的輝煌。

▲華強北

電子迷們可以直奔賽格電子市場、現代之窗大廈、龍勝配件城、華強電子世界等各大數碼商城，小到電子元器件，大到新能源汽車，應有盡有，可以滿足電子迷們的各種需求。

想要進一步深入了解華強北，不妨去華強北博物館參觀。這是一個由芯片、二極管等電子元件組成的電子藝術世界，還有很多有趣的創新交互體驗，超級好玩。炫酷的科技霓虹燈效，隨手一拍，即可呈現賽博朋克風格的大片！

華強北夜景

　　除了電子商品，別忘了探索藏在高樓大廈間的咖啡館和輕食店，享受深圳味十足的閒適時光。

> 溫馨提示
>
> ★ 華強北博物館：查看營業時間、預約、參觀須知以及最新展覽訊息，可關注官方微信公眾號「華強北博物館」查詢。

華僑城創意文化園

　　想要逛最「潮」的街去哪裏？來華僑城創意文化園吧！隱身在鬧市綠蔭深處的這座藝術家園，從創立之日起，就成爲深圳文藝潮流青年們交流創意、尋找心動好物的「秘密花園」，是類似北京 798 的文化地標。

　　逛華僑城創意文化園，主打的就是一個「海納百川」，設計、動漫、音樂、繪畫、咖啡、餐廳，還有豐富多彩的藝文沙龍和創意市集，到這裏來，每次都會邂逅驚喜！

　　到戀物百貨、升時 SEN'S 雜貨店，可以尋找風格各異的物品，感受一下與自己同頻的主理人在美學上的探索。空體、飛地藝術空間、橋舍畫廊、望春山等藝術空間是觀展愛好者的心靈「聖地」。從傳統美學到當代藝術，還有青年手藝家的手作製品，都可以靜下心來好好欣賞。喜歡書籍和音樂的話，一定要打卡著名的舊天堂音樂書店和 B10 現場。

▲ 創意咖啡

　　每年 10 月，園區還會舉辦爵士音樂節和先鋒音樂策展活動，不要錯過！想要淘一些原創手作和有趣物品，每逢週末舉辦的 T 街創意市集也是個不錯的選擇。

溫馨提示

★營業時間：全年全天，具體商家及展廳服務時間不同，以商家
　當天營業情況爲準。
★地址：深圳市南山區錦繡北街（南區），深圳市南山區文昌街
　（北區）。
★其他：最新市集及展覽訊息，可關注官方微信公眾號「深圳華
　僑城創意文化園」查詢。

香港

銅鑼灣

　　香港購物商圈眾多，但要說起時尚潮流達人的快樂老家，那還得是
銅鑼灣。香港潮牌店指標級的 JuicE，以及 NIKELAB、Patagonia、
Stüssy、CARHARTT、EXI.T、8FIVE2 等知名潮店都匯聚於此，

銅鑼灣街景

百德新街、希慎道、白沙道等街道也因爲有了它們的入駐而「潮」氣十足。到這個片區走一圈，從頭到腳，都能配上個性十足的潮流單品。一身潮裝，再加上銅鑼灣特有的復古摩登街景，閉眼拍都能拍出驚艷朋友圈的港風大片。

除了潮牌探店的 Fashion Shopping（時尚購物），銅鑼灣還是非常適合來一場 City Walk（城市漫步）的地方，逛逛香港島最大的公園維多利亞公園，打卡天后廟與怡和午炮，還能感受香港昔日漁村的歷史風貌。想要更閒適一點，就到新晉的潮人社區——大坑里，吃吃港式美食，喝喝咖啡奶茶，到古着店裏淘寶，體驗一下香港難得的鬆弛感。

溫馨提示

　★ 到銅鑼灣還可以坐坐香港有名的叮叮車，兜風音樂就選擇歌詞裏出現了「百德新街」的《下一站天后》（演唱：Twins）。

香港主題購物街

金魚街

香港，被譽爲購物的天堂，不僅僅是因爲它匯聚了世界各地的頂級品牌，還因爲它有着富有特色的主題購物街，讓遊客能夠深入體驗當地的風情和文化。如果你想要像香港本地人一樣探店逛街，香港有幾條主題購物街值得一遊。它們不僅能夠滿足你實惠淘好貨的願望，還能讓你收穫超接地氣的香港市井文化體驗。每條主題購物街都匯集了各式各樣的同類商品：古董、鮮花、金魚、電子產品……

油尖旺區的通菜街主打可愛的金魚和水族產品，因此也有「金魚街」的別稱。五顏六色的金魚們都被裝在注滿氧氣和水的小塑料袋中，整排地掛在店門口，非常適合人文街拍。

古董街

旺角的花園街是球鞋控必逛的「波鞋街」，耐心淘的話，或許能與心動已久的限量版運動鞋相遇哦！逛完花園街還可以順路去附近的花墟逛逛，看看點綴香港人日常生活的都是哪些鮮花盆栽。如果是新春時節過來，還能感受富有香港特色的熱鬧年味。

如果前往上環，可以逛逛「古董街」嚤囉上街：李小龍的電影海報、香港舊月曆、手繪花瓶、黑膠唱片……各種老香港的回憶散落在這裏，想要尋到

古董街

心頭好，不僅需要耐心，還需要一雙火眼金睛。

　　想要淘到有趣的電子產品，就去深水埗的「電子街」——鴨寮街，不少科技專家藏身其中，可以幫你解決有關電子產品的各種問題。

溫馨提示

　★在金魚街拍照請不要使用閃光燈，避免驚擾動物。
　★古董街周邊有很多人氣咖啡店，可以到這裏歇歇腳。

舊城中環

　　説到中環，或許在大眾的印象裏，就是繁華忙碌的金融中心，但其實，文藝青年們也能在這裏找到心靈棲所——舊城中環。歷史古蹟、廟宇、藝廊、餐廳、酒吧，寶石般散佈在這片街區，是從不同角度深度體驗香港人文的必打卡地。

舊城中環

　　在舊城中環，有不少復古風的店舖，其中位於中環閣麟街內的年華時裝公司尤其引人入勝。這家店舖裏不僅可以根據個人需求訂制各類精緻的旗袍，還可以提供張曼玉「花樣年華」影視同款經典旗袍。舊貌換新顏的中環街市也值得走走，這裏是全香港最古老的菜市場之一，經過改造後，依舊保留了昔日香港街市的風情，也帶來了現代都市的活力。

　　中環有名的 H Queen's 藝術空間內常駐五間國際頂尖藝廊，是文藝青年們觀展不可錯過的地方。活化後的藝穗會

▲舊城中環

和大館很適合拍攝復古大片，還有特色咖啡店可以打卡。想要遇到更多同好，就前往 PMQ 元創方，這裏聚集了上百家本地藝術工作室和店舖。舊城中環裏還有各式咖啡店、畫廊、餐廳、壁畫牆，花點時間慢慢探索，你會收穫更多的驚喜。

溫馨提示

★ 貫穿街區的是香港最早建成的街道荷里活道，也是認識香港的絕佳起點。

▲舊城中環

第七章

邂逅深港奇妙夜

深圳與香港的夜晚，傳統與新潮碰撞，躁動和安靜並行，就如同五顏六色的魔方，每轉動一面，都能組合出特別的奇妙體驗。上演穿越大戲的古鎮老街，被燈光與酒香包圍的夜海風景，充滿煙火氣、驚艷味蕾的夜市攤檔……當夕陽西下，華燈亮起，不可思議的奇妙夜生活，便在這些「舞台」上拉開序幕。

一、日落出逃，不誤正「夜」

走進深圳與香港璀璨的燈火間，邂逅日落出逃的人們，拉開奇妙夜遊的帷幕。國風穿越、霓虹飛馳、文藝派對、光影戲劇……對夜遊的萬般想像，深港還能給你更多。

深圳

甘坑古鎮

在充滿奇妙體驗的深圳夜晚，一不小心就可能穿越到數百年前的客家古村。甘坑古鎮作為「深圳十大客家古村落」中的一員，在紅黃色調暖燈的襯托下，古鎮散發出的夢幻感更加強烈。行走在青磚老屋、亭台樓閣間，看小橋流水，聽鼎沸人聲，彷彿穿越時空，回到百年前的夜遊燈會。想要深度融入這流光溢彩的古韻時空，就穿上心愛的漢服來一場「錦衣夜行」吧！

花月夜，可與同袍同遊古鎮：在甘味巷裏品嘗客家美味小食——艾粄、鉢仔糕、擂茶、客家豆腐，以及淘些心動工藝品；攜手共遊二十四史書院，在燈籠的指引下，看一場夜展，讀一冊書卷，感受書香之夜的魅力；或是循着光影到皮影戲劇場和 V 谷樂園，感受非遺

甘坑古鎮

甘坑古鎮

皮影戲和客家文化被聲光電詮釋出的別樣魅力……不僅好玩，華美夢幻的景色也相當打卡，想要拍攝國風夜遊大片，強烈推薦到甘坑古鎮走走。

溫馨提示

★開放時間：全天 24 小時開放，其中部分項目開放時間如下：
（1）小涼帽農場：週一至週五 10:00-18:00，週末 9:00-18:00，節假日同週末。
（2）小涼帽劇場：僅週末及節假日，13:30-17:00。
（3）V 谷樂園：12:00-20:00。
（4）甘坑博物館：9:00-18:00。
（5）鳳凰谷博古館：週一至週五 10:00-18:00，週末 9:00-18:00，節假日同週末。
（6）二十四史書院：白天 13:30-21:00、夜場 17:30-21:00，週一閉園（遇法定節假日正常開放，閉園順延至節後第一天）。
★門票價格：入園毋須門票，部分體驗收費，詳細訊息可關注官方微信公眾號「甘坑古鎮」或微信小程序「甘坑 E 遊」查詢。
★地址：深圳市龍崗區吉華街道甘坑社區甘李路 18 號。

海上世界

夜晚的大海能浪漫到怎樣的境界？到蛇口的海上世界一遊，就能解鎖無與倫比的夜海浪漫。要説海上世界最特別的存在，當屬能打卡山、海、城三重視野的明華輪，自從 1983 年停泊在蛇口海岸後，便作爲海上旅遊中心見證了深圳的飛速發展。

如今，説到體驗深圳的夜遊，海上世界肯定是必打卡清單上的一員。包括了海上世界文化藝術中心、海上世界廣場等眾多濱海文化體驗設施，已經成爲深受遊客喜愛的國際時尚濱海文化街區。

夜幕降臨之後，噴泉伴隨着音樂準時盛放，華麗夢幻的水、光、霧與噴泉一同隨着旋律和節奏變幻，搭配着流光溢彩的港口夜景，讓人彷彿置身於一場光與影的視覺盛宴之中。郵輪上舢舨交錯、衣香鬢影的景象也隨之一一展現，帶來專屬深圳夜海的浪漫風情。

想要享受特有的異域風情，可以去歐陸風情的酒吧裏坐坐。穿梭在主題文創市集裏，還能體驗一把「海上淘寶」的樂趣。希望更加文藝一

▲ 海上世界

海上世界

點，就到唐寧書店讀一本書，去境山劇場看一場劇。海上世界會不定期舉辦燈光藝術節、生活嘉年華等活動。星空、燈影、佳釀、書香……浪漫氛圍拉滿，想要精緻看海就快來這裏吧！

温馨提示

★ 水秀表演時間：週一檢修停播，週二至週日具體演出時間以現場演播爲準。

★ 地址：深圳市南山區招商街道水灣社區蛇口望海路 1128 號。

（更多詳細訊息可關注官方微信公眾號「海上世界」查詢）

「紅胖子」霓虹光影之旅

想要最省心、最高效地享受夜深圳，非常推薦坐上雙層紅巴士（暱稱「紅胖子」），穿梭在萬家燈火、車水馬龍的深圳街頭，去邂逅深圳 TOP30 地標。目前「紅胖子」一共有紅、橙、黃、綠、藍、紫 6 條線路，代表 6 種不同主題：紅線一覽歲月變遷，藍線體驗科技生態，橙線暢玩摩登都市，綠線品味生態人文，紫線觀賞藝術生態，而黃線則是享受城市夜景的專線。巴士的全景天窗就像是畫框，到了晚上，外面是流動着的霓虹城景畫卷，展示着與衆不同的夜色魅力。

透明全景天窗觀景，可提供 8 種語言播報沿途風景，沉浸式全息投影技術，有了這些黑科技的加持，營造出獨特的視聽體驗，在夜晚

▲ 維多利亞港夜景

霓虹光影中，能夠增強現實與夢幻疊加效果的體驗。更何況，「紅胖子」還有可隨上隨下，全天無限次搭乘這樣的貼心服務。在眾多「紅胖子」中，會隱藏着少量的特別主題巴士，這種巴士可以爲乘客帶來開盲盒般的樂趣和體驗。

溫馨提示

★觀光巴士共有紅、藍、橙、綠、黃、紫6條路線，各路線停靠點和營運時間皆有不同，詳細訊息可關注官方微信公眾號「深圳觀光巴士」或官方微信小程序「深圳觀光巴士GO」查詢。

香港

維多利亞港

　　不去打卡被稱爲「世界三大夜景」之一的維多利亞港夜景，不能算去過香港。港島和九龍城區鱗次櫛比的高樓上閃耀起的霓虹燈光，如同

▲ 維多利亞港夜景

兩條流光溢彩的長帶，點綴在維港兩岸，加上一覽無餘的海景，令人真正體驗到「不夜城」級別的壯闊燈海。除了燈景，在這裏還可以用 N 種方式打開快樂的夜遊體驗。

欣賞大型燈光音樂秀「幻彩咏香江」、乘坐有百年歷史的天星小輪、在星光大道找找喜歡的明星留下的手印，這些經典夜遊項目自然不容錯過。遊維港，除了天星小輪外，還推薦乘坐有着 70 年歷史、香港唯一仍在航行的古董帆船——鴨靈號，復古帆船與時尚都會的強烈反差讓人驚艷，也是拍攝港風大片的絕佳背景。如果想要在雲端看維港，可以到香港最高的室內觀景台——天際 100 香港觀景台，除了看到像「上帝視角」般的璀璨夜景外，天際動感虛擬體驗區還能給你帶來超乎想像的互動體驗。

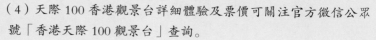

★地址：香港特別行政區尖沙咀星光大道。

★交通訊息：乘坐地鐵到尖沙咀地鐵站 J 出口，出地鐵站就可以看到。

★其他：

（1）碼頭 2 樓是絕佳的拍攝及觀景點，還是很多港劇的拍攝地，可以坐下來慢慢欣賞維港夜景與燈光秀（燈光秀每天 20:00 上演）。

（2）鴨靈號詳細體驗及票價可掃描右側二維碼登錄官方網站查詢：

（3）天星小輪詳細體驗及票價可關注官方微信公眾號「天星小輪 TheStarFerry」查詢。

（4）天際 100 香港觀景台詳細體驗及票價可關注官方微信公眾號「香港天際 100 觀景台」查詢。

太平山頂

香港的夜景觀賞勝地之中，太平山頂的人氣數十年不變，至今依舊

是遊客們心中 NO.1 的選擇。站在太平山頂，看着璀璨燈火將維港海面和上空都繪上色彩，香港的壯麗夜景盡收眼底。

太平山頂上不止能打卡香港夜景，還能了解更多面的香港。到凌霄閣最頂層摩天台 428，聽一聽香港摩天導覽講述的香港；或者坐在薈萃全球美饌的餐廳中，享受半空中的夜宴；想要邂逅「明星」可以去香港杜莎夫人蠟像館；要延續在香港娛樂購物的快樂，凌霄閣對面的山頂廣場不容錯過；3 樓的大富翁夢想世界主題館體驗活動多多，糖果專賣店 Candylicious 的七彩糖果牆也非常打卡。

溫馨提示

★ 開放時間：

（1）山頂纜車：週一至週日及公眾假期 7:30–23:00。

（2）凌霄閣摩天台 428：週一至週五 10:00–22:00，週末及公眾假期 8:00–22:00。

（3）山頂凌霄閣：週一至週五 10:00–23:00，週末及公眾假期 8:00–23:00。

▲ 山頂俯瞰

（4）香港杜莎夫人蠟像館：週一至週日及公眾假期 10:30–
21:30（最晚入場時間為 20:30）。

（5）搞錯 3D 藝趣坊：週一至週日及公眾假期 11:30–20:00。

（6）趣味時光留影館：週一至週日及公眾假期 11:30–20:00
（最後入場：19:00）。

★門票價格：山頂纜車、凌霄閣摩天台 428 等更多購票形式，可
前往景點現場或購票平台了解。

★地址：

（1）山頂纜車總站：香港特別行政區中環花園
道 33 號。

（2）山頂凌霄閣：香港特別行政區山頂道
128 號。

★其他：詳細訊息可掃描右側二維碼登錄官方網
站查詢。

西九文化區

　　香港最文藝的夜遊要去哪裏體驗？來西九文化區吧！作爲香港藝術文化新地標，這裏文藝濃度極高，就連夜晚的燈景和影像，都被視覺藝術家們玩出了不一樣的風情。M+博物館是衆多文藝潮人心中 NO.1 的夜景打卡地。巨大的「M+幕牆」展示着這座當代視覺文化博物館的藏品，或是特別委託創作的視覺藝術品，成爲香港夜景中最獨特的色彩，超級適合拍出天馬行空的創意照片。

西九文化區

▲西九文化區

西九文化區

這裏還爲文藝愛好者們提供了貼心的夜間觀展、看劇、聽 LIVE 的體驗。週末和節假日的晚上，可以在香港故宮文化博物館裏，欣賞來自故宮博物院的珍貴文物和世界各地的藝術珍品。去 M+ 戲院的話，可以觀看到風格不同、來自世界各地的電影作品，充分感受香港這座國際大都市的魅力。在都市城景和濱海風景完美相融的藝術公園裏，看表演、聽 LIVE、再來杯精釀，微醺下體驗難得的炫酷夜遊。

> 溫馨提示
>
> ★地址：香港特別行政區西九龍文化區。
> ★詳細訊息可掃描右側二維碼登錄官方網站查詢。

二、入夜 FUN 肆，美味不停

幾串燒烤，一杯美酒，還有趁夜出沒的三五人群……想嘗嘗深圳與香港最接地氣的人間煙火滋味？走，去夜市 FUN 肆一下。

深圳

上梅林美食街

上梅林美食街能在美食街競爭激烈的深圳爭得一席之地，靠的是獨具特色的「燒烤味」，以及周邊居民的鼎力支持。如果問福田人請客吃飯去哪裏，他們十有八九都是「我在上梅林等你」。在這條被高樓大廈夾着的市井長街中，一到晚上，最動人的聲音就是油滴在炭火上的滋滋聲。上梅林的燒烤店，每家店都有自己的特色招牌菜式和秘製調味料，吸引食客前來品嘗。

刷上醬汁的肉串、鮮嫩多汁的海鮮、搭配夜宵之王小龍蝦，是上梅林尋味美食必體驗的三件套，再來幾瓶啤酒或是清爽果茶，打工人的味

燒烤

燒烤

蕾和靈魂都會得到暖心安慰。除了燒烤，上梅林還有很多地方特色美食：四川的豌雜麵、普寧的生蠔牛肉腸粉、海南的陵水酸粉、甘肅慶陽的羊肉湯……用地道的鄉味，解一解深漂人的鄉愁。

溫馨提示

★地址：深圳市福田區上梅林片區梅村路、中康路一帶。

★交通訊息：地鐵9號線梅村站C1口出，4號線上梅林站G口出。

水圍 1368 文化街區

如果要體驗深圳的夜市文化，位於水圍村的水圍 1368 文化街區是集大成之地。這裏的煙火氣與眾不同，帶着年輕化的新潮味。走在 ins 風的彩虹樓間，很難想像它們曾是城中村裏「人見愁」的「握手樓」，現在這裏已經變成年輕人心目中的打卡勝地。在擁有 600 多年歷史、有「最美城中村」之稱的水圍村裏，傳統的嶺南煙火氣與時尚的文藝潮範碰撞、融合，新生代的美食文化就此誕生。

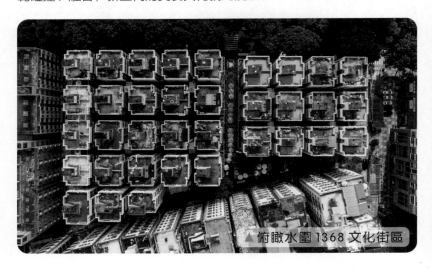

▲俯瞰水圍 1368 文化街區

經典粵菜、各地名小吃，網紅奶茶⋯⋯各種「平靚正」的美食散落在閃爍着霓虹燈光的街巷中，吸引人走近。坐在大牌檔裏爽快地享受熱辣宵夜，喝着美味奶茶逛一逛文藝小店，最後到情調滿滿的酒館裏小酌一杯，讓微醺酒局將這夢幻迷離的夜晚推向高潮。在這座深圳人心中的「深夜食堂」裏，很容易就能解鎖深圳夜市的新體驗。

溫馨提示

★地址：深圳市福田區水圍八街。

★交通訊息：地鐵 4 號線福民站 D 口出、7 號線皇崗村站 A 口出。

購物公園酒吧街

平均年齡 32 歲的深圳向來越夜越嗨，貫徹「早 C 晚 A」的深圳人在日落後活力正盛，酒吧街成了絕佳的嗨玩放鬆地。深圳的酒吧街中，沒有哪條比購物公園酒吧街更佔盡地利與人和了。位於深圳福田 CBD 的中心，就在年輕人聚集的 COCO Park 對面，高度集中和主題豐富的酒吧，讓它成為深圳人「晚 A」的首選。

△ 酒吧

購物公園酒吧街裏匯聚着各國的美酒，但體驗卻不僅只有喝酒。這裏有美酒、有故事，還能欣賞現場 LIVE 表演，沉浸式體驗屬於深圳人的夜晚狂歡。能讓人產生在海島渡假錯覺的 CLUB VIVA，白色陽傘搭配白色編織椅，以異域裝飾混搭復古霓虹，別出心裁又非常適合打卡。既有露天卡座可以吹晚風看星空，還有激情舞池可放飛自我。Sicilia Pub 西西里是酒吧街的一棵常青樹，氛圍感十足，動感勁爆的音樂嗨翻全場。如果想一個晚上體驗深圳多種夜生活，到購物公園酒吧街準沒錯。

溫馨提示

★ 地址：深圳市福田區民田路購物公園酒吧街。

★ 交通訊息：地鐵 1 號線、3 號線「購物公園」站 B 口出。

香港

廟街夜市

廟街夜市

要到廟街，才能探尋到最「港味」的夜市風情。即使不熟悉香港，在來到廟街時，相信也會有一種似曾相識的感覺，因爲它曾經出現在《新不了情》《食神》等多部經典影視劇中。每到黄昏，這條位於九龍油麻地的街道便逐漸變得熱鬧起來，走在其中，撲面而來的是最地道的香港市井煙火氣。密密麻麻的檔口陳列着各種小商品琳琅滿目。另外，會占卜的「隱世大師」、勁歌熱

廟街夜市

舞的街頭藝人匯聚一堂，他們用自己的方式爲廟街這個「魔法箱」增添色彩和活力。

　　但廟街最出名的，還是各種地道的大排檔和老字號餐廳。它們都是經過了本地人和往來遊客多年「考驗」後留下來的精英。一條街上開了幾家分店的「興記菜館」人氣爆棚。它們家出品的港味煲仔飯食材新鮮豐富、醬汁濃郁，火候也掌握得恰到好處。想要品嘗最純正的港味煲仔飯，就到這裏點上一煲吧！「佳佳甜品」的港式糖水，讓甜蜜從舌尖沁入心頭。香辣蟹、冷滷、海鮮……各種特色美食讓人眼花繚亂，過來打卡的話建議留足胃容量。

溫馨提示

　★地址：香港特別行政區九龍油麻地廟街。

香港天台酒吧

　　如果要挑一種能夠精緻享受香港這座世界大都會夜生活的方式，在各有風情的天台酒吧，邊欣賞城市絢爛多彩的燈光秀，邊品嘗來自世界各地的美酒，是個不錯的選擇。

香港天台酒吧

　　這其中，最受歡迎的自然是能夠眺望維港夜景的天台酒吧。為了帶來更多的新鮮感，除了「固定」角度的夜景之外，天台酒吧在裝潢、飲品、主題活動上也大下功夫，為客人們帶來豐富的體驗。

　　在 480 米高空笑傲群雄的 OZONE，憑藉高度取勝；還有搭配花園露台，增添了更多浪漫氛圍，成為約會聖地的 Aqua Spirit……好好打扮一番，一邊暢飲融入了調酒師們天才創意的各色雞尾酒，一邊欣賞海、城、山融為一體的無敵景致，盡情沉醉在香港的夜晚中吧！

溫馨提示

★地址

（1）OZONE，香港特別行政區九龍柯士甸道西 1 號環球貿易.廣場 118 樓。

（2）Aqua Spirit：香港特別行政區尖沙咀中間道 15 號 H Zentre17 樓。

第八章

雙城美宿，享你所想

玩在深圳和香港，就連住宿也能解鎖各有妙趣的旅行體驗：實現極致渡假夢想的酒店「天花板」，從景觀到服務，讓人盡享奢華；睡在山海美景間、坐擁深港雙城獨一無二的自然之美；除此之外，還有好玩好住、價格親民的品質酒店可供選擇，裝載着奇思妙想的花式住宿體驗，爲旅途帶來更多的驚喜。你所想像、所憧憬的，深港雙城的美宿都能滿足。

一、造夢天際線，奢華不浮華

在高聳入雲的摩天大樓不斷刷新着深港城市的天際線時，一眾頂級奢華酒店也在用「雲端上的渡假體驗」，拉升了深港住宿體驗的天花板：無敵的景觀、高水準的服務、風情各異的氛圍，讓旅客僅是住在酒店裏，也能擁有一段極致享受的旅程。

深圳

深圳鵬瑞萊佛士酒店

當百年傳奇「萊佛士」與深圳豪宅天花板「深圳灣一號」強強相遇，深圳頂奢酒店的地標傳奇就此誕生。酒店的建築設計和上海環球金融中心出自同一設計團隊，而室內設計則是由迪拜帆船酒店的「同款團隊」打造，充滿藝術性地將底蘊豐富的中國文化與現代潮流的濱海風景結合起來。面積 60 平方米「起跳」的雲端客房，提供了俯瞰深圳灣風景的絕佳視角。等到華燈初上，喝一杯香檳，或者來個泡泡浴，深圳灣璀璨的夜景將浪漫的氛圍拉滿。如果想要擁有最佳觀景位，可以選擇尾數 02（正對「春笋」）、11、15、23 的房間。

深圳鵬瑞萊佛士酒店高空夜景

除了極致的住宿體驗，鵬瑞萊佛士還能帶來獨一無二的雲端質感：位於 70 層的黑珍珠一鑽雲璟餐廳，帶來創新粵菜的美味享受；71 層的長廊酒吧，一杯特調的「深圳司令」雞尾酒搭配落地窗外繁華城景，夢幻無比；想要更加優雅，可前往 71 層的雲頌公益音樂廳，邊聆聽動人音樂，邊欣賞南山、深圳灣、前海、香港的美景。而有着 350 米高的頂樓直升機停機坪，不僅可以 360 度擁覽深圳灣海景，有時還能體驗天際野營、高空下午茶，神仙般的享受愜意至極。

溫馨提示

★地址：深圳市南山區中心路 3008 號深圳灣 1 號。

深圳瑞吉酒店

作爲百年老牌中奢華典範的瑞吉酒店落戶深圳時，自然選擇了最爲「奢華」的景色：京基 100 大廈頂端 400 多米高空的城市天際線景致。白天能欣賞壯闊大氣的城市全景；到了黄昏時分，瑰麗的晚霞鋪滿天際線時，深圳最浪漫的日落美景便收入眼中；待到城中燈光漸次亮起，猶如紐約曼哈頓一般的繁華夜景，爲夜晚帶去無際的夢幻感。

深圳瑞吉酒店

深圳瑞吉酒店

想要體驗「紙醉金迷」的 Old Money 風，不如換上華服，走一走深圳 95-96 層的旋轉樓梯吧，華麗的水晶吊燈與窗外的燈景交相輝映，隨手一拍都能拍出參加「上流」舞會的感覺。96 層的閒逸廊推出的天際線下午茶也是必打卡項目，出品優秀且儀式感滿滿的英式下午茶帶來了高空的甜蜜與浪漫。同層的瑞吉吧也很推薦，在最適合摩登夜景的爵士樂中，享受雲端微醺的韻味。此外，瑞吉的服務也是「天際」級別，入住時記得體驗著名的「馬刀開香檳」入夜儀式，從拿破崙時代流傳至今，非常驚艷。

溫馨提示

★地址：深圳市羅湖區深南東路 5016 號京基 100 大廈。

深圳大梅沙京基洲際渡假酒店

不出國就能打卡峇里島風格的藍天、碧海和沙灘，這樣的夢幻感在大梅沙京基洲際酒店就能體驗到。酒店三面背靠青翠蒼綠的梧桐山，一面正對蔚藍遼闊的南海，從酒店大堂開始，只需 5 分鐘，就能投身進綿延 2 千米的金色沙灘裏。而這座酒店中最爲奢華的地方，莫過於與海近乎零距離的洲際行政俱樂部。來到這裏，彷彿置身於高端藝廊，酒店本身的圍景、造景和大梅沙的海景成爲藝廊中最讓人驚艷的畫作。

行政俱樂部之外，主樓也擁有絶美的山海美景、精緻貼心的服務：主題親子房、各種兒童娛樂設施；酒店設立的兒童俱樂部還會舉辦很多親子活動，是親子家庭渡假的絶佳選擇。

除了距離大海只有 35 米的無邊泳池、湖型泳池邊的藍色長椅外，酒店周邊也不容錯過：去大梅沙村文旅小鎮拍一拍網紅塗鴉牆；喜歡運動的話，可以去海濱棧道徒步、或是解鎖多樣海上運動，都能帶來放鬆愉悦的假日時光。

溫馨提示

★地址：深圳市鹽田區大梅沙鹽葵路（大梅沙段）9 號。

香港

香港四季酒店

香港四季酒店

▲香港四季酒店

說到香港代表性的頂奢酒店，富有傳奇色彩的四季酒店必在前位。這座在維多利亞港邊佇立了19年的酒店，是香港酒店界的「六邊形戰士」，其中尤以餐飲最為突出，是全球擁有最多米芝蓮榮譽的酒店，也是2018年「全球唯一獲頒米芝蓮8星殊榮的酒店」。

來到四季酒店，品嘗米芝蓮二星餐廳龍景軒的創新粵菜和經典法式餐廳Caprice的經典法餐，會為味蕾帶來極致的享受。就算只是走進Argo酒吧喝一杯雞尾酒，帶來的也是全球50佳酒吧的頂級體驗。

身處維港絕佳景觀位，從客房眺望出去的維港海景、九龍城景和山頂風光完美地融合在一起。客房的裝潢融入了水墨江南風，讓人在繁華忙碌的香港找到了寧靜，身心都變得輕盈起來。想要「近距離」擁抱維港風景，一定要去頂層的兩個無邊恆溫泳池，視覺上與維港無縫對接，是入住四季酒店必體驗的超級打卡地。

溫馨提示

★地址：香港特別行政區中西區中環金融街8號。

香港瑰麗酒店

　　香港的頂奢酒店中，瑰麗酒店因極富藝術感的室內設計而聞名。室內設計是由華人設計大師季裕棠操刀，融合中西方美學，從客房公共區域到房間的角角落落，成為一座座「城中莊園」，精緻奢華與舒適愜意兼具。客房中除了大理石盥洗室讓人驚艷，連一個門把手都帶有「貴族莊園」的元素。

　　對於香港的酒店來說，最奢侈的房景是甚麼？光是能眺望波光粼粼的維港還不夠，要像香港瑰麗酒店一樣「山水並蓄」，讓客人一同欣

▲香港瑰麗酒店

賞到翠意盎然的獅子山和沙田山脈，才能彰顯出頂奢的實力來。若想進一步升級「瑰麗」體驗，可前往 The Butterfly Room，品嘗一次號稱「香港最難訂」的下午茶；或是到旁邊的花房，參加一場少女心滿載的拍照盛宴也不錯。

溫馨提示

★地址：香港特別行政區油尖旺區九龍尖沙咀梳士巴利道 18 號。

香港文華東方酒店

在 2023 年迎來「傳奇 60 年」的香港文華東方酒店，不褪奢華魅力，展示着中西方美學極致融合，至今仍是很多人心中最能代表「香港情懷」的頂奢酒店。位於中環的文華東方酒店是第一家旗艦酒店，坐擁最佳中環視野，既可欣賞到繁華的城景，也能眺望維港風情。酒店就像是一個薈萃東方美學的博物館：文華東方標誌性的古董折扇、菩薩木造像、改編自吳道子《八十七神仙卷》的大幅畫作、古代朝服，置身於其中，讓人彷彿瞬間進入到詩畫世界，感受東方美學的神秘力量。

在這裏，味蕾也能夠收獲頂奢的體驗：兩家米芝蓮星級餐廳「文華扒房及酒吧」、「文華廳」；進榜「亞洲 50 強酒吧」的日式居酒屋 The Aubrey；喜愛甜食的就一定要去打卡文華餅店經典的 1963 文華芝士蛋糕和玫瑰花果醬，延續 45 年的味道，成爲無數人鍾情的甜蜜。

想要感受另一種韻味的文華東方，追尋更加時尚新潮的體驗，可以選擇同在中環的香港置地文華東方酒店。這裏還有在全亞洲都少有名氣的東方水療中心和米芝蓮二星法式餐廳 Amber，同樣能帶來頂級享受。

溫馨提示

★地址：香港特別行政區中西區中環干諾道中 5 號。

二、睡在山海間，享鬆弛之境

深港山海連城、依山傍海，如果想要獲得日常生活中難得的鬆弛感，那就走進深圳和香港的山海間，在充滿詩意的酒店中解鎖悠然愜意的棲居假日吧！

深圳

深圳蛇口希爾頓南海酒店

既能擁有都市生活的便利快捷，又能享受在山海間渡假的詩意，是深圳特有的魅力體驗。而面朝深圳灣、背倚大南山的深圳蛇口希爾頓南海酒店，便是這雙重體驗的絕佳之所。

酒店擁有望海翼與南海翼兩座樓宇：主樓望海翼是富有蛇口特色的現代風格；而新中式風的南海翼，其前身是深圳第一家涉外五星級酒店「南海酒店」。酒店位於繁忙的蛇口港區域，交通便利。而當深圳灣的醉人海景與香港的山景一起在你眼前展開時，意味着你將收穫一段愜意舒適的渡假時光。541 間精緻典雅、擁有着壯觀山海城景的客房，爲住客帶來了溫馨的住宿體驗；酒店内的餐廳與酒吧出品多樣，從地道的粵式佳餚到創意亞洲美食，再到充滿情調的酒吧，讓味蕾也能享受蛇口的多元魅力。

住進這家酒店，還可以體驗豐富多彩的活動，渡過一段愉快的灣畔 Staycation 時光。比如帶着萌娃在室内外的兒童樂園遊玩；在酒店裏的私密草

深圳蛇口希爾頓南海酒店

▲ 深圳蛇口希爾頓南海酒店

坪鋪上一襲餐墊，和好友們來場草坪野餐會，獨享都市裏的綠洲；日落時分，到「伊甸園」喝着雞尾酒，眺望灣畔流光溢彩的夜景，使身心得到極致的放鬆。

除了酒店本身，大名鼎鼎的海上世界、深圳灣遊艇會，只需步行就可到達，與海上世界文化藝術中心也只有一牆之隔，讓遊客在酒店渡假之餘，還能立刻投入藝術的懷抱。

溫馨提示

★ 地址：深圳市南山區望海路 1177 號。

深圳佳兆業萬豪酒店

　　想要感受東南亞風情的浪漫，不必離開深圳，住進大鵬金沙灣的深圳佳兆業萬豪酒店就可以擁有。漫步在遍佈棕櫚樹和藤椅的園林中，眼前是「中國八大美麗海灣」之一的金沙灣海景，讓人瞬間從繁雜高壓的日常生活中解放出來，盡攬白日的藍天碧海與傍晚的絢爛晚霞。

　　酒店除了絕美的濱海風景，還有精彩紛呈的娛樂活動，這也讓酒店成爲了深圳親子渡假的超人氣酒店之一。每逢週末，帶着萌娃們在酒店內的貝趣屋撒歡，抑或是來到酒店附近的金沙灣水世界，暢快地戲水玩耍，享受清涼的親子假日。如果恰好碰上酒店舉辦沙灘尋寶、迷你高爾夫等親子活動，請一定要去體驗一下哦！

　　酒店寬敞舒適的客房爲假日時光添了一份愜意。這裏最爲特別的客房，就是設計靈感來源於大鵬古城非遺的床頭裝飾牆面：將當地的

▲深圳佳兆業萬豪酒店

地形風貌、漁家文化融入錯落有致的竹製線條畫中，打造出一個只有在大鵬才能體驗的美夢空間。在酒店裏，還能品嘗特色綠圓仔、大鵬海膽紫菜湯、特色瀨粉仔等精緻的粵式美饌，細細品味大鵬本地非遺名錄美食與潮菜的夢幻結合。想要同享山海美景與在地文化，就來這裏吧！

溫馨提示

★ 地址：深圳市大鵬新區棕櫚大道 33 號。

深圳佳兆業萬豪酒店

深圳桔釣沙萊華渡假酒店

　　在深圳眾多的山海美宿中，桔釣沙萊華渡假酒店之所以能廣為人知，除了憑藉極致的風景外，還有多姿多彩的濱海活動。酒店背靠大鵬半島國家地質公園，環抱着細白柔軟的沙灘與一望無際的大海。在這裏渡假，能夠解鎖「與世隔絕」的私密海島渡假感，盡情地呼吸清新的空氣。酒店獨享 1 千米最美桔釣沙天然海岸，以及清透無比的「果凍海」、室外無邊際泳池，不管是遊玩還是拍照，都能帶來絕佳的體驗感。

　　酒店共有 6 棟別墅與 247 間客房。想 24 小時看海，可以選擇海景陽台房；想感受東南亞園林風情，就住一晚園景房。如果還想要來點刺激好玩的，就去體驗酒店海上運動中心提供的皮划艇、帆船、槳板等多種水上項目，在體驗水上項目的時候，一定要注意安全哦！

　　除了看海玩水，家長們還能帶着萌娃在酒店的兒童奇妙世界快樂玩耍：五彩繽紛的歡樂海洋泡泡池、鍛煉孩子體能的室內兒童攀岩、釋放孩子天馬行空想像力的積木樂園，還有新潮炫酷的電玩天地，讓孩子們在山海間也能感受自在童趣。

溫馨提示

★地址：深圳市大鵬新區南澳街道新東路 28 號。

香港

香港富麗敦海洋公園酒店

　　如果想從一個新角度去體驗山海美景，選址在海洋公園的香港富麗敦海洋公園酒店非常值得一住。它背靠葱鬱的南朗山，壯闊優美的海景近在咫尺。呼應海濱元素的流線型建築設計簡約雅致，完美地與大自然結合起來。不管是喜歡山的沉穩寧靜，還是嚮往海的自由浪漫，在酒店的客房中，都能夠欣賞到讓人心動的景致。60 米長的無邊泳池是絕佳

的打卡地，日落時來拍，有種彷彿要和落日餘暉融爲一體的夢幻感。

作爲新加坡富麗敦酒店集團全球僅有的 4 家分店之一，同時也是該集團全球首家渡假酒店，這裏能夠稱得上是與自然完美結合的親子渡假天堂。步行 2 分鐘，可達萌娃們喜歡的香港海洋公園及水上樂園，還能住進充滿童話色彩的親子主題房。不想外出，就去近 600 平方米的室內兒童遊樂區「探險家」，各種新奇探險活動，能玩上一整天。此外，萌娃們還能在這間貫徹可持續發展理念的酒店中，學習到各種環保和海洋保護的知識。

溫馨提示

★地址：香港特別行政區南區香港仔海洋徑 3 號。

九龍香格里拉大酒店

既想要欣賞維港海景，又希望能把香港標誌性的天際線風景擁入懷中，最好還能獲得性價比高的住宿體驗？九龍香格里拉大酒店就是你的絕佳選擇。

九龍香格里拉大酒店

九龍香格里拉大酒店

九龍香格里拉大酒店

酒店坐落於尖沙咀繁華地段，從港鐵尖東站步行不過百米，附近名店雲集，非常適合購物狂人們消費。暖色調客房內裝搭配古典的國風設計，從落地玻璃窗中眺望的維港海景和香港天際線風光，加上貼心的服務，讓它成爲同類景觀住宿中性價比最高的酒店。

早上醒來就可以與維港風景相伴，在這波光蕩漾前「浪費」一天都沒問題。想要品嘗美食，酒店內的米芝蓮一星餐廳「香宮」會呈上品質絕佳的地道粵菜；想逛街就去尖沙咀、K11 MUSEA；想近距離吹吹維港的海風，看一場溫柔的日落，星光大道也是步行可達。在酒店裏享用一頓豐盛的自助晚宴之後，維港兩岸熠熠閃耀的燈景將假日夜晚點綴得更加如夢似幻，讓人的身心愉悦度遠超常規，這就是九龍香格里拉大酒店的魅力。

溫馨提示

★地址：香港特別行政區九龍尖沙咀麼地道 64 號。

WM 酒店

香港的山海美景除了舉世聞名的維多利亞港，請不要錯過有着「香港後花園」之稱的西貢。WM 酒店，就像是點綴在西貢山海間的一顆瑩潤高貴的珍珠，爲往來住客帶來雅致舒適的假日時光。酒店被青山碧海環繞，坐擁迷人的南海風光和西貢特色的漁港風情，260 間客房分別以綠色、藍色和橙色佈置，代表碧海、藍天和陽光，與酒店外的自然風光融爲一體，讓人沉浸於自然的懷抱中，徹底釋放身心。

入住 WM 酒店，一定要打卡的是酒店頂層的無邊際泳池，能夠享受西貢獨有的海天一色風景，傍晚的夢幻落日景色更加適合打卡。也可以選擇入住特式房型，享受山海間的私人花園和私人天台。

想要用一場 CityWalk 領略西貢的休閒漁港風景，從酒店步行 9 分鐘，便可以到達西貢市中心，還可以在西貢海鮮街品嘗生猛海鮮；想要在山林裏「醉氧」，酒店附近就有多條登山徑可以探索。酒店還允許攜帶寵物，爲想帶狗狗出遊的旅客們定制「Woofcation 愛犬渡假遊住宿計劃」，只要符合要求就可以入住酒店指定的客房，和「毛孩子們」一起渡過愉快的假日啦！

溫馨提示

★地址：香港特別行政區西貢區惠民路 28 號。

三、好玩又好住，歎超值體驗

在寸金寸土的深圳與香港旅行，顏值在線、價格還接地氣的酒店是精打細算派遊客的心儀之選。性價比超高還能解鎖各家特色體驗，推薦入住。

深圳

深圳前海寶安中心亞朵酒店

位於寶安區中心繁華商業圈的深圳前海寶安中心亞朵酒店，是深圳美宿圈中的「多面能手」。酒店配置有126間輕奢客房，如同都市中溫馨靜謐的花園，讓人在旅途中也能獲得怡然舒適的休憩時光。在名為「相招」餐廳裏，不僅能夠品嘗到各地美食，還能感受「有酒相招飲，有肉相呼吃」的歡快用餐氛圍。入住酒店，一定要去體驗的是亞朵酒店特有的移動圖書館「竹居」，別具一格的閱讀空間會讓你的旅途充滿更多詩意。

酒店的地理位置十分優越，能夠滿足住客的各類需求：想要和家人打卡深圳網紅地標，可去酒店附近的深圳頂流景點歡樂港灣，乘坐「灣區之光」摩天輪俯瞰城海壯闊美景；在前海演藝公園看一場浪漫日落；到網紅書店鐘書閣拍拍文藝大片；或者帶着萌娃們去兒童樂園裏開心放電。想要購物的話，附近的壹方城購物中心、萬達廣場等都是匯聚知名品牌和人氣餐廳的購物中心，可以滿足你高漲的購物熱情。

温馨提示

★地址：深圳市寶安區新安街道海富社區46區創業一路1089號。

深圳 INNOGO 楹諾酒店

距離羅湖口岸和深圳站僅10分鐘路程的楹諾酒店，不僅地處交通樞紐、功能齊備，比起同類酒店，更增添了讓人眼前一亮的設計感。它主打黑白色調的極簡現代風，大堂裏還擺放着舊水泵改造的藝術裝置，讓工業美學愛好者心跳加速。坐在盈潤的月球燈下，翻翻世界各地淘來的文藝書籍，或者端杯咖啡，坐在靠窗的椅子上看看城景。來到這裏，比起住酒店，更像是在打卡一家藝術書店。

客房也兼具設計感與舒適感，工業風 Loft 是讓年輕人心動的新潮簡

約設計。喜歡拍照的話推薦住主題房，港風、摩登、渡假泳池各種主題都超級打卡。房間裏設施齊全，配有空氣淨化器，拉滿身心愉悅度。少見的 AI 智能無接觸機器人服務打造更加貼心的體驗。想要購入旅行紀念品或是伴手禮，可以去酒店的精品商店逛逛，這裏售賣與藝術家們合作的明信片、畫作等，非常不錯。

溫馨提示

★地址：深圳市羅湖區建設路 1008 號匯展閣

深圳南山科技園 CitiGO 歡閣酒店

藏身於深圳南山科技園的 CitiGO 歡閣酒店，大約是因爲處於高精尖的軟件園區，整體氛圍充滿了科技感。這家酒店最具特色就是藏身在環抱式「筒子樓」中，彷彿爲建築發燒友量身打造。黑白色系的牆面搭配幾何線條的窗戶與走廊。在這裏，白天能藉助陽光拍出 INS 風的大片，到了晚上所有燈光亮起時，一定要去天井底部打卡仰拍視角，未來感十足。酒店所在的「筒子樓」裏還有不少角度能拍出炫酷的風景大片，比如在 15 層的空中走廊拍攝對角建築，或去 22 層拍攝俯瞰風景，都能帶來不一樣的感受。

酒店的房間大多是黑白灰極簡風格，有的房間牆面壁畫還是介紹南山景點的手繪圖，足見酒店對潮流時尚的態度。住在這裏，還有機會遇見酒店與年輕潮流品牌

CitiGO 歡閣酒店（深圳南山科技園）

citiGO 歡閣酒店（南山科技園）

舉辦的跨界活動。酒店地理位置很好，就在「網紅」深圳大學的後面，對面是騰訊濱海大廈，離能夠欣賞深圳絕美夜景的深圳灣也很近，可以一站式打卡多個網紅點，性價比非常高！

> **溫馨提示**
>
> ★ 地址：深圳市南山區科技園海天一路軟件產業園 2 棟 A 座。

香港

香港彌敦酒店

　　想要去香港歎美食，各位吃貨們可以選擇位於彌敦道上的彌敦酒店。酒店附近人氣美食店雲集，既能去麥文記麵家、佳佳甜品、沾仔記等獲得 2023 米芝蓮必比登推薦的餐廳吃一碗地道的港味美食，還能打卡澳洲牛奶公司、媽咪雞蛋仔、十八座狗仔粉等超級火爆的網紅美食店。酒店距離廟街更是不到 200 米，看來要帶上 512G 內存的胃才夠把這附近的美食一一品嘗！

　　酒店裝修走簡約雅致風，在寸金寸土的九龍黃金地段，還能開辟出較大的房型，實屬難得。清幽雅致的客房內設施齊備，處處可見充滿人性化的細節。

　　住在彌敦酒店，去哪都方便：門口就有機場快線，非常適合乘飛機到港遊玩的遊客；必打卡的油麻地警署、天后廟步行可達，還可以一直

走到購物天堂海港城。一路上都是如同 TVB 劇集裏一般的「最香港」街景，非常適合 City Walk。

溫馨提示

★地址：香港特別行政區油麻地彌敦道 378 號。

香港沙田凱悅酒店

想要體驗更加閒適悠然的香港風情，推薦到香港沙田凱悅酒店一住。這裏融合了九肚山的「野」與吐露港的「靜」，交織成了韵味獨特的住宿體驗。住在沙田凱悅酒店最大的感受是彷彿在「家」一般。不僅可以住在配備有冰箱、微波爐等電器的公寓式客房內，翠山圍抱的戶外泳池、網球場以及大片綠地，也非常適合一家人渡過愉快的休閒時光。

在酒店吃飯也變成一場氛圍感拉滿的享受，餐廳、酒廊、咖啡廳中都能一邊欣賞絕美山海風景，一邊享用匠心美味。推薦中餐廳「沙田18」裏的燒味，叉燒飯令人驚艷。想要挑戰創新口味的可以試試腐乳芝

▲ 香港沙田凱悅酒店 戶外游泳池

▲ 香港沙田凱悅酒店 凱悅悅趣營

▲ 香港沙田凱悅酒店

士泡芙，感受中西結合的味蕾衝擊。酒店周邊也有不少可以領略沙田風光的體驗，首推騎行，因為能在欣賞山海美景的同時，快速地融入本地生活，感受深受本地人喜愛的騎行樂趣。

溫馨提示

★地址：香港特別行政區沙田區澤祥街 18 號。

香港大澳文物酒店

　　地處大澳漁村的大澳文物酒店，帶來讓人徹底放鬆的隱世浪漫。位於半山腰的大澳文物酒店，前身是大澳警署，建於 1902 年，酒店本身就是香港的二級歷史建築物。白色調的主樓掩映在綠樹中，復古典雅。走在拱形柱廊上，時光的氣息撲面而來，房間從裝潢到設施細節，都能讓人感受這幢歷史建築物被精心活化後散發出的全新魅力。

香港大澳文物酒店

▲ 香港大澳文物酒店

香港大澳文物酒店

　　酒店只有 9 個房間,非常搶手,但追逐與等待是值得的。清晨拉開窗簾就能欣賞青山碧海美景,聽一聽密林鳥鳴,心情頓時自在寫意起來。

　　白天可參觀一下酒店保留下來的大炮等文物,或者干脆睡到用餐時分,趿着拖鞋前往有着玻璃屋頂的餐廳 Tai O Lookout,在巨大綠樹的環繞下,慢慢品嘗融入漁村風味的各國美食。不管是傍晚的海上落日,還是亮燈之後的酒店夜景,都同樣能讓你拍出驚艷朋友圈的大片。有時間的話,可以參加大澳歷史講解活動,會讓你對這座酒店以及大澳漁村的歷史有更全面的了解。

溫馨提示

★地址:香港特別行政區大嶼山大澳石仔埗街。

第九章

深港聯遊精品路線推薦

藝術人文線：藝起同行，尋覓深港文藝靈魂

深港兩地不僅是國際大都市，更是藝術氛圍濃厚的城市。從大師級的藝術展覽，到能滿足精神漫遊的書店，再到極富文藝鬆弛感的打卡地，在深港兩地都能一一探尋。

深圳的藝術、文化館離市中心不遠，一般地鐵即可到達。交通的方便程度讓你在不經意間，也能遇見藝術的驚喜。

香港，也是把黃金地段給了藝術文化，坐落在人造土地上的西九文化區，多座藝術、文化展區拔地而起，成爲了香港現代文化的新標籤。

現在不妨跟隨我們的路線，來一場 Art Walk，沉浸式地感受藏於深港兩地的文藝和脈動，用文化藝術點燃你的週末生活吧！

▲ 香港「張保仔」帆船

深圳段

路線規劃：

關山月美術館→深圳圖書館→深圳市當代藝術與城市規劃館→覓書店（馬成時代廣場店）→水圍1368文化街區

溫馨提示

★預估里程：9千米。
★推薦遊玩天數：2-3天。
★推薦住宿區域：福田區。
★沿途美食推薦：Ensue、嘉苑飯店。

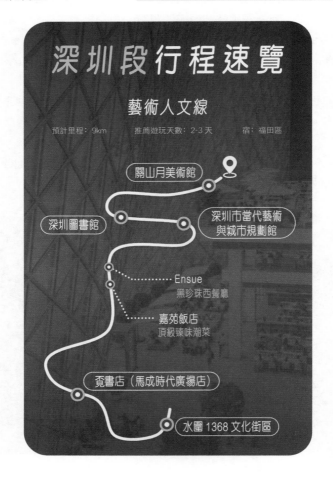

香港段

路線規劃：

西九文化區→香港故宮文化博物館→M+ 博物館→古董街（嚤囉上街）→ PMQ 元創方→大館→藝穗會

溫馨提示

★ 預估里程：8 千米。

★ 推薦遊玩天數：2-3 天。

★ 推薦住宿區域：中西區。

★ 沿途美食推薦：TATE Dining Room。

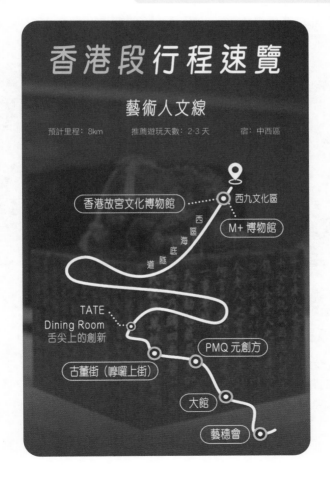

生態休閒線：穿山越海，暢享深港奇妙自然

　　自然，對於深港兩地，從來不是遙不可及的童話，而是近在咫尺的仙境。在深港兩地，有藏於鬧市中的休閒綠地，也有與山海近距離接觸的徒步長廊……穿山越海的奇妙之旅，就從深港兩地開始吧！

　　深圳的山海連城，不是僅限於路線的串聯，而是深入山海之間，為市民和遊客創造擁抱山海的機會。可以説檢測一個深圳人夠不夠地道，就看看他對山海的熟悉程度。

　　香港，寸土尺金卻依然保留着大自然的饋贈，同時擁有海的浩瀚與山的崇高神秘。自然的治癒力，為這個忙碌的城市提供着隨時放鬆的空間。

▲ 深圳西涌

深圳段

路線規劃：

　　大沙河生態長廊→塘朗山郊野公園→深圳灣公園→蓮花山公園

溫馨提示

★預估里程：41 千米。

★推薦遊玩天數：3-4 天。

★推薦住宿區域：南山區 / 福田區。

★沿途美食推薦：粵海薈。

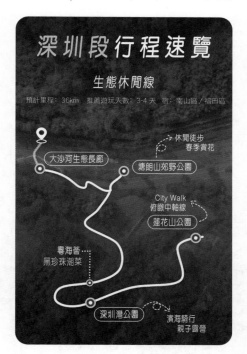

香港段

路線規劃：

淺水灣→太平山→灣仔海濱長廊→嘉頓山

溫馨提示

★ 預估里程：24 千米。

★ 推薦遊玩天數：3-4 天。

★ 推薦住宿區域：灣仔區 / 油尖旺區。

★ 沿途美食推薦：廚魔、8½ Otto'e Mezzo BOMBANA。

★ 因灣仔海濱長廊至嘉頓山段需過海，可進入地圖導航平台，根據實時位置，搜索具體到達線路。

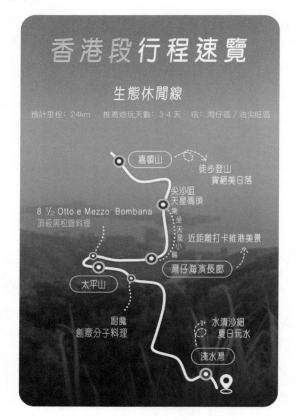

潮流玩樂線：超級玩家，探尋深港至 IN 潮地

　　如果你想感受不被局限的潮玩體驗、不被定義的生活方式，來深港兩地肯定沒錯。這兩座充滿無限可能性與創造力的城市，讓每一個熱愛的種子都有機會生根發芽。

　　深圳，「工業第一城」的華麗轉身後，是一個個匯集着潮流與藝術的夢想起源地。更是一個面向世界，連接歡樂的潮玩空間。

　　香港，在繁華的城市中，總有各種各樣讓人忍不住探尋其中的驚喜存在，更有着豐富的土壤，讓不同的熱愛可自由生長。

　　現在就從深港兩地的至 IN 潮地開始，讓熱愛自由釋放吧！

深圳段

路線規劃：

萬象天地→世界之窗→深圳歡樂谷→華僑城創意文化園→深圳灣公園

溫馨提示

★預估里程：16 千米。

★推薦遊玩天數：3-4 天。

★推薦住宿區域：南山區 / 福田區。

★沿途美食推薦：普語堂。

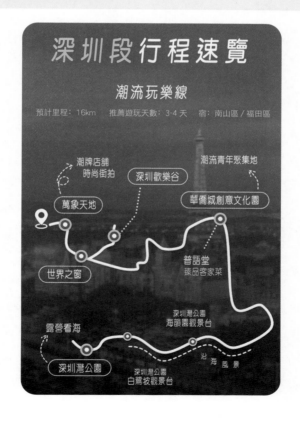

香港段

路線規劃：

香港迪士尼樂園→海港城→ K11 MUSEA →銅鑼灣→香港海洋公園

溫馨提示

★ 預估里程：41千米。

★ 推薦遊玩天數：4–5天。

★ 推薦住宿區域：油尖旺區 / 灣仔區。

★ 其他：可從海港城附近的「尖沙咀天星碼頭」乘坐天星小輪，前往「灣仔渡輪碼頭」抵達銅鑼灣附近。

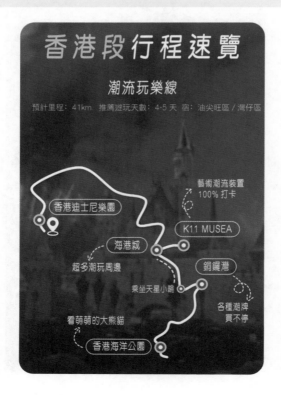

香港段行程速覽

潮流玩樂線

預計里程：41km．推薦遊玩天數：4–5天．宿：油尖旺區 / 灣仔區

藝術潮流裝置
100% 打卡

香港迪士尼樂園

K11 MUSEA

海港城

超多潮玩周邊

銅鑼灣

乘坐天星小輪

各種潮牌
買不停

看萌萌的大熊貓

香港海洋公園

歡樂遛娃線：遛娃之選，玩轉深港快樂星球

歡聲笑語從不間斷的深港兩地，是親子遊玩的好去處。無論是挑戰心跳加速的機動遊戲，還是寓教於樂的博物館體驗，在深港都能一一實現。

主題樂園，是深圳親子遊的經典項目，在這裏可帶娃一日走遍全球，還可以與孩子一起在速度與激情中盡興狂歡。

香港海洋公園

在香港，講述世界童話的迪士尼，與展示海洋奇妙的海洋公園，都是親子必打卡體驗，也是喚醒童心的快樂星球。

想實現快樂遛娃，或者想與孩子一同創造美好回憶，選擇深港兩地，相信你和孩子都會愛上。

深圳段

路線規劃：

塘朗山郊野公園→深圳歡樂谷→世界之窗→萬象天地→南頭古城→歡樂港灣

溫馨提示

★預估里程：19 千米。

★推薦遊玩天數：3-4 天。

★推薦住宿區域：寶安區 / 南山區。

★特色體驗推薦：可在「世界之窗」站帶娃乘坐「深圳觀光巴士 ── 橙線」，遊覽深圳城市風光。

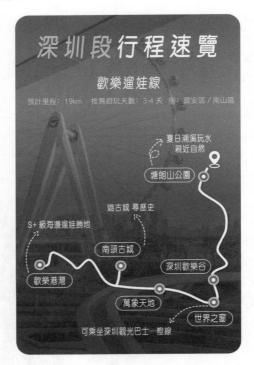

深圳段行程速覽

歡樂遛娃線

預計里程：19km　推薦遊玩天數：3-4 天　宿：寶安區 / 南山區

夏日溯溪玩水
親近自然

塘朗山公園

遊古城 尋歷史

S+ 級海邊遛娃勝地

南頭古城

深圳歡樂谷

歡樂港灣

萬象天地

世界之窗

可乘坐深圳觀光巴士—橙線

香港段

路線規劃：

　　香港海洋公園→太平山頂纜車→中環海濱摩天輪→灣仔海濱長廊→海港城

溫馨提示

★預估里程：17 千米。

★推薦遊玩天數：3-4 天。

★推薦住宿區域：中西區 / 南區。

★其他：可從中環海濱摩天輪附近的「中環碼頭」乘坐天星小輪，前往「尖沙咀天星碼頭」抵達海港城附近。

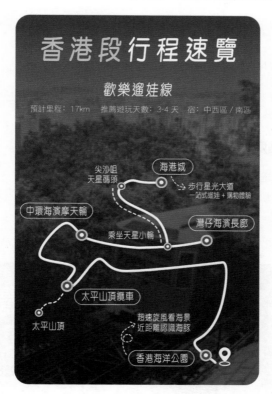

吃遍美食線：味蕾旅行，尋味深港美食圖鑑

「民以食爲天」，美食一直是到深港旅遊的重頭戲。在這兩座城市中，一天三餐是不夠的，還要加上早茶、Brunch、下午茶、宵夜等，要帶上「超大容量」的胃，才能裝下這裏的匠心美味。

雖然深圳被說沒有本地特色菜，但是絲毫不妨礙它匯聚世界各地的美食。從粵菜經典茶樓，到西式的創新美食，再到充滿人間煙火氣的美食街區，只要你想，就可以讓舌尖在這裏「環遊世界」！

香港的美食，可以說是煙火氣的代名詞。即使在一家老字號麵店中，你也能從簡單的儀式感中，感受到香港人對生活的熱愛與講究。在這裏，美食沒有定式，沒有邊界，有的只有用心與堅持。

深圳段

路線規劃：

嘉苑飯店→Ensue→新榮記→鳳凰樓→鮨一日本料理→普語堂→
萊佛士酒店・雲璟→粵海薈→VOISIN ORGANIQUE

溫馨提示

★ 推薦遊玩天數：4-5 天。

★ 推薦住宿區域：福田區 / 南山區。

★ 其他：可以「福田站」作為起始點開始尋味之旅。

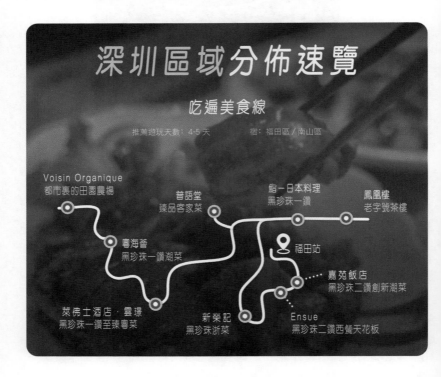

深圳區域分佈速覽

吃遍美食線

推薦遊玩天數：4-5 天　　　　宿：福田區 / 南山區

Voisin Organique
都市裏的田園農場

普語堂
臻品客家菜

鮨一日本料理
黑珍珠一鑽

鳳凰樓
老字號茶樓

粵海薈
黑珍珠一鑽潮菜

福田站

嘉苑飯店
黑珍珠二鑽創新潮菜

萊佛士酒店・雲璟
黑珍珠一鑽至臻粵菜

新榮記
黑珍珠浙菜

Ensue
黑珍珠二鑽西餐天花板

香港段

路線規劃：

TATE Dining Room→廚魔→8½ Otto'e Mezzo BOMBANA→添好運→中環碼頭（摩天輪）→唐閣→麥文記麵家→廟街夜市→佳佳甜品

溫馨提示

★推薦遊玩天數：4-5 天。

★推薦住宿區域：中西區 / 油尖旺區。

★其他：可從中環海濱摩天輪附近的「中環碼頭」乘坐天星小輪前往「尖沙咀天星碼頭」，抵達唐閣附近。

圖片素材平台

圖蟲創意（上海圖蟲網路科技有限公司） 視覺中國

官方提供平台

8 ½ Otto'e Mezzo Bombana　Bo Innovation 廚魔
粵海統（皇庭店）　深圳瑞吉酒店　香港瑰麗酒店
九龍香格里拉大飯店　香港沙田凱悅酒店
香港大澳文物酒店
聯合新零售（香港）有限公司

專業攝影師

婷仔 _dinhoidinh　Demi　錦李　stone 趙磊　十一日　芷漫
Visc 陳痕跡　小小一隻笳　Vanessa 生活誌　無糖少女　Kkone
蘇南下　BigMing　Cheeelsie　路旁的世泳

《深港聯遊攻略》編委會

主　　　任：曾相萊

副 主 任：李強強　楊永群

項目統籌：李強　張振洋　周前　劉月興

項目執行：鄧子華　張玉潔　關耀敏　劉華

　　　　　趙婧雯　李曉君　殷悅雯

攝　　　影：王婷　趙磊　蘇克

組織單位：深圳市文化廣電旅遊體育局

承　　　製：廣州森邁文化傳播有限公司

深港聯遊攻略

策劃編輯
張斌

責任編輯
霍芳
蘇慧怡（繁體版）

助理編輯
朱之翰

封面設計
鄧廣利

裝幀設計
北京木象

排版（繁體版）
陳章力

出版者
萬里機構出版有限公司
香港北角英皇道499號北角工業大廈20樓
電話：2564 7511　　傳真：2565 5539
電郵：info@wanlibk.com
網址：http://www.wanlibk.com
　　　http://www.facebook.com/wanlibk

發行者
香港聯合書刊物流有限公司
香港荃灣德士古道220-248號荃灣工業中心16樓
電話：2150 2100　　傳真：2407 3062
電郵：info@suplogistics.com.hk
網址：http://www.suplogistics.com.hk

承印者
深圳市新佳佳彩印刷有限公司

出版日期
二〇二四年四月第一次印刷

規格
32開（130mm x 197mm）

本書繁體版由大同出版傳媒有限公司授權萬里機構
出版有限公司在中國內地以外地區出版發行